A centralidade do Mistério Pascal

nas celebrações litúrgicas

O selo DIALÓGICA da Editora InterSaberes faz referência às publicações que privilegiam uma linguagem na qual o autor dialoga com o leitor por meio de recursos textuais e visuais, o que torna o conteúdo muito mais dinâmico. São livros que criam um ambiente de interação com o leitor – seu universo cultural, social e de elaboração de conhecimentos –, possibilitando um real processo de interlocução para que a comunicação se efetive.

DIALÓGICA

SÉRIE PRINCÍPIOS DE TEOLOGIA CATÓLICA

A centralidade do Mistério Pascal

nas celebrações litúrgicas

Monsenhor João Alves Guedes

Rua Clara Vendramin, 58 . Mossunguê
CEP 81200-170 . Curitiba . PR . Brasil
Fone: (41) 2106-4170
www.intersaberes.com
editora@editoraintersaberes.com.br

Conselho editorial
Dr. Ivo José Both (presidente)
Dr.ª Elena Godoy
Dr. Neri dos Santos
Dr. Ulf Gregor Baranow

Editora-chefe
Lindsay Azambuja

Supervisora editorial
Ariadne Nunes Wenger

Analista editorial
Ariel Martins

Preparação de originais
Gustavo Ayres Scheffer

Edição de texto
Fabia Mariela de Biasi

Capa e projeto gráfico
Iná Trigo (design)
Tatiana Kasyanova/
Shutterstock (imagem)

Diagramação
Kelly Adriane Hübbe

Equipe de design
Sílvio Gabriel Spannenberg
Iná Trigo

Iconografia
Sandra Lopis da Silveira
Regina Claudia Cruz Prestes

1ª edição, 2019.
Foi feito o depósito legal.

Informamos que é de inteira responsabilidade do autor a emissão de conceitos.

Nenhuma parte desta publicação poderá ser reproduzida por qualquer meio ou forma sem a prévia autorização da Editora InterSaberes.

A violação dos direitos autorais é crime estabelecido na Lei n. 9.610/1998 e punido pelo art. 184 do Código Penal.

Dados Internacionais de Catalogação na Publicação (CIP)
(Câmara Brasileira do Livro, SP, Brasil)

Guedes, João Alves, monsenhor
  A centralidade do mistério pascal nas celebrações litúrgicas/monsenhor João Alves Guedes. Curitiba: InterSaberes, 2019. (Série Princípios de Teologia Católica).

  Bibliografia.
  ISBN 978-85-227-0072-1

  1. Celebrações litúrgicas 2. Igreja Católica – Liturgia 3. Liturgia I. Título. II. Série.

19-27182   CDD-264

Índices para catálogo sistemático:
1. Celebrações litúrgicas: Cristianismo   264

Cibele Maria Dias – Bibliotecária – CRB-8/9427

Sumário

Prefácio, 11
Apresentação, 15
Organização didático-pedagógica, 17

1   O domingo, 21

1.1   O domingo e seus aspectos: dimensões iniciáticas, 24
1.2   Um dia essencialmente pascal, 37
1.3   Dia da reunião para a escuta da Palavra, 44
1.4   Primeiro ou oitavo dia?, 48
1.5   Espiritualidade e pastoralidade: alguns desafios, 51

2   O ciclo pascal, 59

2.1   Aspectos e reminiscências na Bíblia e na história, 62
2.2   A espiritualidade da Semana Santa e sua ritualidade, 63
2.3   Ecos do ciclo pascal na vida cotidiana, 73

3		**O tríduo pascal, 79**
3.1		Em busca de uma introdução, 82
3.2		Alicerces bíblicos na tradição e na história, 84
3.3		Transformações celebrativas do início do cristianismo à *Mediator Dei*, de Pio XII à *Sacrosanctum Concilium*, 93
3.4		A grande rica comunicação simbólica do tríduo pascal, 97
3.5		A centralidade do Mistério Pascal celebrada em três dias, 116
4		**O tempo da quaresma, 123**
4.1		História, teologia e espiritualidade, 127
4.2		A quaresma e seus aspectos fundamentais, 135
4.3		Misericórdia e miséria: binômio quaresmal, 151
4.4		Reconciliação e penitência à luz da pedagogia pastoral e sacramental da Igreja, 154
4.5		O tripé mantenedor da quaresma, 164
5		**O ciclo do Natal, 171**
5.1		Como tudo começou, 176
5.2		A realização do intercâmbio do divino com o humano, 181
5.3		A teologia subjacente e a riqueza simbólica, 192
5.4		A epifania do Sagrado pela ritualidade, 201
6		**Festas litúrgicas, 215**
6.1		A presença das festas na vida humana: uma necessidade permanente, 218
6.2		Essência e acidente nas diversas festas, 222
6.3		As festas litúrgicas referentes a Maria, 231
6.4		A centralidade do Mistério Pascal na celebração dos santos, 237

Considerações finais, 243
Referências, 245
Bibliografia comentada, 249
Sobre o autor, 261

Dedico esta obra à minha Arquidiocese de Niterói e aos meus colegas liturgistas do Brasil; em especial, à memória do Frei Alberto Beckhäuser e da Irmã Míria Kolling.

Ao Padre Gilberto Aurélio Bordini, ao Dr. Plesmy dos Santos Soares Rodrigues Cordeiro, a Marcos Dias Gomes e à professora Regina Maria Martins Camacho.

Prefácio

Nos últimos decênios, a teologia da Igreja católica redescobriu a centralidade do Mistério Pascal da morte e ressurreição do Senhor, dimensão fundamental na compreensão e na vivência da fé. Como imediata consequência, a liturgia adquiriu um novo horizonte – novo pela nossa compreensão e também pela celebração de todos os ritos litúrgicos. Na liturgia, e por meio dela, a Igreja "atualiza" esse mistério, e todos os que celebram os sagrados mistérios são envolvidos e transformados pelo projeto divino da salvação.

Sacrosanctum Concilium, o documento conciliar sobre liturgia, elucida: "Esta obra da Redenção humana e da perfeita glorificação de Deus preparada pelas maravilhas realizadas por Deus no povo da Antiga Aliança, cumpriu-se em Cristo Senhor, especialmente por meio do mistério pascal de sua bem-aventurada Paixão, Ressurreição dentre os mortos e gloriosa Ascensão [...]" (SC, 1963, n. 5).

As reflexões que Monsenhor João Alves Guedes nos proporciona com este estudo desenvolvem, com competência, essa centralidade do *Mistério Pascal*, a qual nos acompanha ao longo do ano litúrgico, de modo que, na mais profunda compreensão do que celebramos, consigamos viver mais intensamente o dom do Senhor à sua Igreja. Escreve o autor no Capítulo 3 deste livro:

> É por isso que a liturgia aparece trazendo, em sua pedagogia, todo o sentido histórico e profundo da celebração do mistério de Cristo, garantindo, assim, unicidade e totalidade. Os tempos mudam; os acontecimentos se diversificam, porém, a santidade do culto celebrado não muda. É sempre o Mistério Pascal que é central e centralizante.

Os cristãos conhecem, por experiência, a importante "escola" do ano litúrgico; no decorrer do tempo, alimentam a vida de fé com a Palavra e a eucaristia. Na vivência comunitária, mantêm viva a esperança e aprendem, dia após dia, a praticar as virtudes seguindo o estilo de vida de Jesus.

Na história da Igreja, observamos que os dois eixos fundamentais da vida cristã foram – e são – a **iniciação à vida de fé** e a **celebração do ano litúrgico**. A experiência nos mostra que ser cristãos, assim como seguir Jesus e seu projeto do Reino, não é algo espontâneo, bonito, de imediata e fácil compreensão. Hoje em dia, retorna atual o que afirmava Tertuliano ainda nos primórdios da Igreja: a gente não nasce cristã! Para acolher com fidelidade o estilo de vida de Jesus e tornar-se cristão, é preciso passar por um processo, demorado e exigente, até alcançar o conhecimento amoroso de Cristo.

Os tempos e os momentos do ano litúrgico oferecem, a quem recebeu o primeiro anúncio do Evangelho, a possibilidade de compreender e de viver com maior intensidade a pertença que ocorreu no tempo do "primeiro amor". Nesse processo, o **Mistério Pascal** é como o eixo unificador de toda experiência de vida cristã ao longo da iniciação e do ano litúrgico.

Por isso, é muito oportuna a caminhada, rica e articulada, que Monsenhor Guedes propõe. Com sabedoria, o autor coloca o Mistério Pascal de Cristo como ponto alto e referencial permanente da vida cristã. Será uma surpreendente riqueza pela nossa fé compreender e viver, no decorrer do ano, as diversas celebrações litúrgicas. Não precisa multiplicar devoções quando se acolhe, com simplicidade e intensidade, o que a liturgia proporciona.

Ponto de partida é o domingo, o dia do Senhor, dia primeiro e último, com sua encantadora e multíplice variedade de temas oferecidos pela Palavra e pelas orações da Igreja, com seus cantos e encantos. É a "pessoa de Jesus, princípio e fim, razão da existência deste dia", escreve Monsenhor Guedes no Capítulo 1 desta obra. Por isso, celebrar o domingo e as demais festas do ano litúrgico significa entrar em uma nova e renovada experiência de encontro com Jesus Cristo.

O Papa Bento XVI afirma: "É o dom e dever imprescindível da Igreja comunicar a alegria que deriva do encontro com a Pessoa de Cristo, Palavra de Deus presente no meio de nós" (*Verbum Domini*, n. 2). Essa é, também, a finalidade da liturgia, sem excluir outras modalidades e possibilidades.

A partir do domingo, passando pelo ciclo pascal, com ênfase no tríduo santo, refletindo sobre a Quaresma e o ciclo de Natal, o autor termina com as demais festas litúrgicas. Conforme consta no Capítulo 6 deste livro, as festas "nos fazem penetrar fortemente nas celebrações durante o ano pela cadência da ritualidade, os fatos que elas trazem em seu amplo envolvimento celebrativo dos mistérios da nossa fé, tendo, no Mistério Pascal, a razão maior de todas essas festas".

O que mais se pode apreciar neste estudo é a síntese de liturgia, Bíblia, teologia e espiritualidade, verdadeiro e seguro alicerce para a

Pastoral. De fato, o pastor que acompanha com sábio amor a vida do povo de Deus a ele confiado deve ter um adequado embasamento no que diz e faz, para sustentar o povo com alimento consistente e sadio.

Por isso, quero agradecer a Monsenhor Guedes, que, com sabedoria, clareza expositiva e sensibilidade pastoral, nos presenteia com estas páginas, fruto não somente de longos estudos, mas também da experiência espiritual e de pastoreio.

Desejo que a fadiga do estimado professor receba acolhida, sobretudo entre os que, empenhados na vida pastoral, querem encontrar uma reflexão essencial e teologicamente bem motivada, capaz de abrir caminhos para traduzir o assunto em orientações litúrgico-pastorais. Também estudantes de teologia e cultores de liturgia encontram, neste estudo, conhecimentos indispensáveis para bem agir na vida pastoral e sustento à sua fé e à sua espiritualidade. O Papa Francisco (2013, p. 16) afirma: "a evangelização jubilosa torna-se beleza na liturgia. A Igreja evangeliza e se evangeliza com a beleza da liturgia". Para bem celebrar, é preciso competência e espiritualidade. Nessa busca, leiam – com calma e atenção – as páginas deste livro.

Dom Armando Bucciol
Bispo de Livramento de Nossa Senhora (Bahia)
Presidente da Comissão Episcopal Pastoral para a Liturgia

Apresentação

Entre as várias realidades que compõem nossa existência, revestidas de esperanças, alegrias, tristezas, decepções, compassos e descompassos, cabe à vida nos trazer as inevitáveis oportunidades e até as grandes chances.

Esta obra é o resultado de uma grande chance. Nem sempre conseguimos aproveitar bem as oportunidades que nos são dadas, pois nossos limites costumam estar juntos de nós e até se apropriam de nossas ações.

Com esta obra, fui presenteado pela oportunidade – verdadeira graça divina e dom incalculável. Não é sempre que em um autor é depositada a confiança de escrever sobre a centralidade do Mistério Pascal, percorrendo o que de mais intenso existe na sagrada Escritura, na teologia, na espiritualidade, na liturgia e na Pastoral. Foi exatamente o que aconteceu. Nesta obra, de seis capítulos, percorremos um longo caminho, desde o Gênesis, com o rompimento da criatura humana com o Pai Criador, passando pela promessa do Salvador, pela história da humanidade, com destaque para a escravidão no Egito e a libertação do povo eleito, pela Encarnação do Verbo, na pessoa de Jesus Cristo, com sua trajetória de Belém ao Egito, de Nazaré à cruz, da cruz à morte e ressurreição, da ressurreição à ascensão e à Igreja, corpo místico. Todo esse trajeto chegou e chega até nós pela Sagrada Liturgia, na centralidade da Páscoa.

Considerando esse cenário, no Capítulo 1, abordamos o domingo, assunto que tivemos a graça de publicar em uma obra em anos passados, com toda a riqueza bíblica e espiritual. Nos capítulos 2 e 3, abrimos enorme espaço para um longo caminho central, porque abordamos o ciclo e o tríduo Pascal, com envolvimento forte no Tempo da Quaresma, este tratado no Capítulo 4. Por sua vez, no Capítulo 5, sobre o ciclo do Natal, mergulhamos na riqueza simbólica das festas epifânicas desse ciclo na ótica da cruz e da ressurreição. O Mistério Pascal de Jesus Cristo foi ricamente trazido quando mencionamos, no Capítulo 6, as festas litúrgicas, enriquecidas pela presença de Maria e dos santos.

Portanto, na presente obra, tivemos a oportunidade de aprofundar todo o ano litúrgico pela presença do domingo, que fornece forças para o Tempo Comum, os ciclos da Páscoa e do Natal, o tríduo pascal e as festas litúrgicas. Nenhum aspecto de todo o ano ficou sem abordagem.

Muitas vezes, lançamos mão do recurso da repetição, mesmo correndo o risco de cansaço e desmotivação por parte do leitor, em razão da necessidade de clareza e muito do desejo de sermos entendidos e proporcionarmos maior atenção àqueles enfoques essenciais exigidos pelo assunto abordado.

Na obra toda, procuramos evitar trazer curiosidades e muitas notícias históricas. Porém, buscamos avançar na ritualidade e na pastoralidade.

Três sacramentos mereceram espaço maior em nossas páginas: o batismo, a eucaristia e a reconciliação.

A oportunidade nos foi concedida exatamente após a celebração do ciclo pascal e do tríduo santo. Existiu graça maior?

Organização didático-pedagógica

Esta seção tem a finalidade de apresentar os recursos de aprendizagem utilizados no decorrer da obra, de modo a evidenciar os aspectos didático-pedagógicos que nortearam o planejamento do material e como o aluno/leitor pode tirar o melhor proveito dos conteúdos para seu aprendizado.

Introdução do capítulo

Logo na abertura do capítulo, você é informado a respeito dos conteúdos que nele serão abordados, bem como dos objetivos que o autor pretende alcançar.

Síntese

Você conta, nesta seção, com um recurso que o instigará a fazer uma reflexão sobre os conteúdos estudados, de modo a contribuir para que as conclusões a que você chegou sejam reafirmadas ou redefinidas.

Atividades de autoavaliação

Com estas questões objetivas, você tem a oportunidade de verificar o grau de assimilação dos conceitos examinados, motivando-se a progredir em seus estudos e a se preparar para outras atividades avaliativas.

Atividades de aprendizagem

Aqui você dispõe de questões cujo objetivo é levá-lo a analisar criticamente determinado assunto e aproximar conhecimentos teóricos e práticos.

Bibliografia comentada

Nesta seção, você encontra comentários acerca de algumas obras de referência para o estudo dos temas examinados.

1
O domingo

O domingo faz parte e atinge, fortemente, a história universal como um todo, a cada povo e a cada pessoa, em um percentual talvez muito elevado. Costumamos situar algum fato importante antes ou depois de Cristo. Com o domingo, acontece algo semelhante. Quando falamos em *semana passada*, entendemos que o acontecimento existiu antes desse dia e, ao agendar algum compromisso a ser realizado, falamos em *semana que virá* ou *próxima semana*, sempre incluindo o domingo como marco referencial desse contexto que faz parte das programações. Ele é referência na elaboração dos diversos compromissos. Os encontros festivos e lazeres, os passeios, as refeições, os retiros espirituais, os encontros de estudo, as assembleias e outras realizações acontecem com grande frequência aos domingos. Trata-se, portanto, de um dia importante, independentemente de religião e raça, embora ele tenha começado a partir de um acontecimento central que foi a ressurreição de Jesus Cristo.

Quando estudamos o domingo, não há como desviar a reflexão, ainda que fosse somente do fato histórico da pessoa de Jesus, princípio e fim, razão da existência desse dia. O fato da vitória da vida sobre a morte no chamado *primeiro dia da semana* passa a ser comemorado desde o início da era cristã, inaugurando novos tempos.

Este primeiro capítulo, intitulado *O domingo*, é uma grande chave desta obra para os capítulos subsequentes. Apresentaremos os aspectos desse dia, desse a primeira abordagem com suas dimensões iniciáticas, o profundo acento pascal, a mística da Palavra de Deus nas reuniões dominicais, mesmo sem a celebração da eucaristia, com vistas a elucidar se esse dia é o primeiro ou o último dia da semana, além de tratar dos desafios encontrados para uma madura espiritualidade e pastoralidade.

1.1 O domingo e seus aspectos: dimensões iniciáticas

Pensar no domingo, **primeiro dia da semana** ou, também, **oitavo dia**, é entrar em linha direta com o acontecimento maior de nossa itinerância de fé: a Páscoa. É nos colocarmos na centralidade e na comunicabilidade do Mistério Pascal.

É um dia que tem raízes e fundamentos bíblicos e merece, em todos os tempos, destaque pela sua importância. A vida das pessoas, de certo modo, posiciona-se por meio de programações anteriores ou posteriores ao domingo. É um dia de festa e comemorações: festejam-se a fé, a esperança e a caridade por meio do encontro ápice chamado de *celebração da eucaristia*; comemoram-se os acontecimentos marcantes da vida, das famílias e dos descansos.

Esse dia reveste-se de maior brilho e encantamento espiritual quando, em uníssono com a eucaristia, dá-se espaço para que prospere sempre mais a fé batismal. O batismo, sacramento essencialmente pascal, inseriu os que creem no contexto do Mistério Pascal. Pelo batismo, participamos, ontologicamente, do corpo místico de Cristo e, pelo sacramento da confirmação ou crisma, somos ungidos e enviados para o anúncio da verdade e a denúncia da cultura do mal.

O magistério, o direito, a teologia e os papas ratificam o que se pretende transmitir: "A celebração dominical do dia e da eucaristia do Senhor constituiu o cerne da vida da Igreja" (CIC, n. 2177). Por ocasião da vigília pascal e durante o tempo pascal, celebramos a nossa vitória na vitória de Jesus. A Igreja estabelece: "o Domingo, dia em que por tradição Apostólica se celebra o Mistério Pascal, deve ser guardado em toda a Igreja como o dia de festa por excelência" (CIC, n. 2177,95). Santo Agostinho disse: "O Domingo é, na alma, como que a espera do futuro, como atenção do presente, como recordação do passado" e porque "nós celebramos o Domingo, devido à venerável Ressurreição do Senhor Jesus" (João Paulo II, 1998b).

Na compreensão do domingo, está muito presente a noção de vida pela certeza da derrota da temível morte, acontecida no primeiro dia da semana (Bíblia, 2019, Mt 1; Mc 16,2; Lc 24,1; Jo 20,1). Trata-se de um relato-fato extremamente familiar nas páginas dos quatro Evangelhos. Todos os detalhes presenciados por Maria Madalena, Maria, mãe de Tiago e Salomé (Bíblia, 2019, Mc 16,1), são portadores e comunicadores não só do local onde o Cristo morto fora colocado, bem como da existência de vida com a ausência de qualquer vestígio de morte.

É possível deduzir a presença de aceleradas batidas cardíacas no íntimo daquelas mulheres quando ressoam a pergunta e a resposta dada por dois homens, com vestes brilhantes: "por que procurais entre os mortos quem está vivo? Não está aqui, mas ressuscitou" (Bíblia, 2006, Lc 24,5-6). O primeiro dia da semana, ou o domingo, traz na sua abrangência a compreensão de vida plena, porque a morte também sinaliza, numa visão de ressurreição, que Cristo "vencendo a corrupção do pecado, realizou uma nova criação. E destruindo a morte, garantiu-nos a vida em plenitude" (conforme o Prefácio IV da Páscoa, citado por Congregação Irmãs Franciscanas de Ingolstadt, 2016).

A euforia e a perplexidade preencheram todos os vazios deixados pelos acontecimentos do calvário, ainda que esses tenham sido pavorosos e, certamente, tenham deixado marcas profundas. O clima de escuridão começou antes do tempo cronológico: "era meio dia [...] quando o sol entrou em eclipse e uma escuridão cobriu toda a terra [...]" (Bíblia, 2006, Lc 23,44). O sol nega sua luz, talvez porque a luz verdadeira saíra de cena.

Passados os três dias de trevas interiores provocadas pela sensação de perda do Senhor, a incerteza, a decepção e as lágrimas entraram em cena, quando as primeiras testemunhas, encontrando o túmulo vazio e constatando a presença de detalhes comprobatórios de que ali naquele espaço não havia lugar para mortos, perceberam que tudo sinalizava para "o nascimento de uma nova criação" (Guedes, 2007, p. 16).

É claro que os acontecimentos presenciados no **primeiro dia da semana** foram um ponto de partida para algumas testemunhas e, junto à euforia, estava presente também um comportamento arredio alicerçado em uma atitude de medo. A referência desse dia não pode sair de cena, para não se retornar ao caminho de Emaús (Bíblia, 2019, Lc 24,13-35), em que se concretiza a penumbra da desesperança. As aparições do Senhor pós-ressurreição conferiam às pessoas não somente a veracidade da vitória da vida sobre a morte, mas também traziam-lhes a companhia do Mestre para extinguir o medo que era fato permanente. A dura realidade da ausência do Senhor, permeada com a sensação da grande perda, devia ser bastante dolorosa naqueles poucos dias que separaram a ascensão de Pentecostes.

Contudo, finalmente, Pentecostes aconteceu: "estavam todos reunidos naquele mesmo lugar, [...] e ficaram cheios do Espírito Santo" (Bíblia, 2006, At 2,1.4). "Todos"? Como assim? Quantas pessoas? A partir daí, o que se apresenta em alto grau de importância é a reunião para "a fração do pão" (Bíblia, 2006, At 2,42-46), cuja celebração parece ser um fato comum e bastante conhecido da comunidade. "Este dia já devia ser habitual para o culto eucarístico, do qual participava toda a comunidade" (Basurko, 1999, p. 86). São fortes as afirmações de São João: "Em um domingo fui arrebatado em êxtase, e ouvi, por trás de mim, voz forte como de trombeta" (Bíblia, 2019, Ap 1,10).

O fato de a ressurreição ser tão marcante ultrapassa as bases e os limites humanos, fazendo com que o domingo torne-se parte necessária da vida comunitária, já das primeiras pessoas que se aproximam dos apóstolos. Os primeiros escritos de que temos notícias, como a Didaqué (1989), revelam conteúdos muito fortes: "Reuni-vos no dia do Senhor para a fração do pão e agradecei" (Roma, 1971, p. 39). Trata-se de uma determinação, "reuni-vos", para uma finalidade estabelecida: "e agradecei".

Inácio de Antioquia (citado por Basurko, 1999, p. 101) escreve: "Os que se criaram na antiga ordem das coisas vieram para a novidade da esperança, não guardando mais o sábado, mas vivendo segundo o Domingo, dia em que também amanheceu nossa via por graça do Senhor e por mérito de sua morte".

São Justino, na primeira apologia, capítulo 67, emprega a palavra *domingo*, que vinha "ganhando aceitação na Igreja" (Ryan, 1997, p. 12-13); também Hipólito de Roma menciona a distribuição da comunhão "no Domingo de manhã a todo o povo" (Roma, 1971, p. 56). O domingo e a eucaristia parecem ser realidades intimamente inseparáveis, embora se possa divergir bastante do rito de que temos conhecimento. Não importa tanto a terminologia: *fração do pão, ofício, sagrado mistério, oblação, sacrifício, eucaristia* ou *liturgia*. Todas essas denominações expressam uma ação sempre realizada, em clima de refeição, no primeiro dia da semana.

A assembleia dos cristãos – os quais, desde os tempos antigos, reuniam-se no dia do Senhor para celebrar a ceia pascal – tem a eucaristia como banquete sacrificial. São Paulo leva-nos à compreensão, com efeito, quando faz entender que, ao se comer a vítima, é garantida a participação do sacrifício (Bíblia, 2019, 1Cor 11,23-27).

A celebração semanal da eucaristia amadurece e realiza a própria experiência pascal, transformando e fazendo a transposição da *berakah* hebraica no "banquete sagrado", conforme os testemunhos de Tertuliano e Cipriano. A consciência e o exercício dessa experiência eucarística no primeiro ou no oitavo dia da semana, realizando a Páscoa semanal, vão se tornando um bem supremo e transcendente, expressão maior que o Pai oferece na doação total de Jesus Cristo e clara via de acesso ao mesmo Pai. Conforme observou Beckhäuser, "Toda esta maravilha da manifestação de Deus no mundo pode ser vivida através de sua celebração" (Beckhäuser, 1996, p. 32).

> "É com razão que, para os santos Padres, na Eucaristia, está presente a Páscoa de Cristo e todo sacrifício redentor de Jesus Cristo deve ser compreendido como chave de acontecimento pascal. A partir deste ponto, deste fundamento, a Eucaristia se apresenta como realidade pascal." (Guedes, 2007, p. 23)

Não é difícil a dedução de que a experiência celebrativa do domingo realiza-se exatamente em razão da Páscoa e, na eucaristia, ela se mergulha com profundidade e se alimenta dessa fonte inesgotável. A *Liturgia das Horas*, no ofício das lituras, trouxe um magistral desfecho do que se apresentou até aqui: "Cantemos todo esse dia, no qual o mundo começou, no qual Cristo ressurgido da morte eterna nos salvou" (Liturgia das Horas, 1995d, p. 574).

A íntima conexão existente entre a reunião da comunidade dominical, a ceia do Senhor e o batismo são uma realidade muito presente já nos escritos bíblicos e nas primeiras narrativas das quais temos conhecimento. São Paulo transmitiu aquilo que ele mesmo recebeu (Bíblia, 2019, 1Cor 1,2-23). Trata-se, portanto, de uma praticidade incrivelmente essencial, e qualquer perturbação, ainda conforme Paulo, tirar-lhe-ia o caráter de eclesialidade. A ceia do Senhor dá configuração à *ecclesia* e outro procedimento desvirtuaria o próprio mandato do Senhor "na noite em que foi entregue" (Bíblia, 2006, 1Cor 11,23). O pão partido e o vinho oferecido tornam-se o memorial sacrifical da eterna Aliança, que, agora, acontece e passa a ser definitiva. O selo pascal celebra a presença do Senhor no meio dos seus e perpassou os tempos, como o centro celebrativo de uma nova e eterna Aliança, elemento mantenedor de uma história nova que começa a existir no primeiro dia da semana e a alimenta em todo o seu percurso até que o Senhor volte.

Um elemento forte da ceia, com seu aspecto sacrifical, é a presença do agradecimento, daí *eucaristia*, expressão máxima que perpetua a verdadeira Páscoa. É a perpetuação da passagem de Jesus deste mundo para o Pai. Jesus Cristo, ao instituir a eucaristia, mandou que ela continuasse sendo feita em sua memória como expressão máxima de agradecimento, constituindo o centro de toda vida Cristã (IGMR, 2002, n. 1), a ação regenerativa que o acontecimento pascal veio trazer. Afinal, são novos tempos e as primeiras comunidades, certamente, eram contagiadas pela maturidade que entre eles brotava em uma atitude de caridade com a presença de "um só coração e uma só alma" (Bíblia, 2006, At 4,32). Dar graças é uma madura herança do próprio Senhor na última ceia: "Tomou então o cálice, deu graças [...] depois tomou o pão e deu graças" (Bíblia, 2006, Lc 22,17-19).

Muito oportunos são os ensinamentos da Didaqué, que reporta, em seus conteúdos, a compreensão de que a eucaristia ultrapassa agradecimentos genéricos e comuns, sendo um específico agradecimento que acompanha o rito do "cálice" e do "partir do pão". Não se trata de mais um momento de agradecimento. O que está na essência dessa ação ritual é a expressão mais forte, central e alta da comemoração ápice da morte e ressurreição do Senhor testemunhada por São Pedro: "Foi a este Jesus que Deus ressuscitou. E disso todos nós somos testemunhas" (Bíblia, 2006, At 2,32).

As primeiras comunidades, assim podemos deduzir, traziam algumas marcas do passado bastante traumáticas das quais precisavam se desvencilhar-se. Entre elas estava a sofrida expectativa do Messias prometido, que perpassou séculos, trazendo angústias e sofrimentos, principalmente no exílio do Egito, descrita com requinte de sofrimento pelo Salmo 136 (Bíblia, 2006):

> Junto aos rios de Babel nos sentamos a chorar com saudades de Sião. Pelos álamos em volta suspendemos nossas cítaras. Pois foi lá que nos pediram os algozes, nossos cânticos, alegria, os carcereiros. "Oh, cantai-nos, reclamavam, um dos cantos de Sião!" Como em terras estrangeiras cantar cantos do Senhor? Se esquecer Jerusalém, se resseque a minha destra!
>
> Fique presa a minha língua, se de ti não me lembrar! Se não for Jerusalém o meu júbilo mais alto! Oh, contra os filhos de Edom, recorda, Senhor, o dia no qual diziam soberbos: "Abaixo Jerusalém, raspai os seus alicerces!".
>
> Babel, que nos destruíste, feliz quem te der a paga dos males que nos causaste! Feliz quem contra os rochedos lançar tuas criancinhas!

A vida agressiva do cativeiro respingava tanto na necessidade da liberdade exterior quanto da interior de cada pessoa, trazendo repercussão espiritual no dizer mais tarde de Santo Hilário: "É preciso entender do cativeiro espiritual esse cativeiro físico do povo" (Bíblia, 2006, Sl 136). Esse povo trazia, na sua história, o sofrido e, por vezes, desesperançoso caminho de volta à terra prometida.

Foram muitos anos de sofrida expectativa na espera de um Messias que a muitos decepcionou ou causou espanto: "com que autoridade fazes isto? E quem te deu autorização para isso?" (Bíblia, 2006, Mt 21,23). Mesmo não sendo sensato dizer, com certeza, que a história do povo exilado no Egito era muito conhecida, não é difícil concluir o que o povo da Antiga Aliança deixou de herança para tantas gerações.

Parece muito presente que o perfil do Messias, conforme idealizado por tantas pessoas, não parecia ser o de Jesus. Aliás, Simeão já dissera: "Eis que este menino está destinado [...] Ele deve ser um alvo de contradição [...] Assim é que aparecerão em plena luz os pensamentos ocultos no coração de muitos" (Bíblia, 2006, Lc 2,34-35).

Esse povo traz, em sua essência, uma história alicerçada em um judaísmo radical em suas tradições, o qual encontra em Jesus não um judeu submisso que não veio "revogar a Lei ou os profetas [...] mas levá-los à perfeição" (Bíblia, 2006, Mt 5,17). Ora, entendemos a presença, talvez em grande escala, de imperfeição. Conhecemos muito bem o preceito sabático, as reprovações aos mestres da Lei, as exposições fortes de Jesus, por exemplo: "eu, porém, vos digo", "em verdade, em verdade", os "ai de vós" e outras posturas, como o anúncio da própria morte e a ressurreição depois de três dias, fato decisivo e marcante, acontecido e testemunhado.

O que foi escrito até aqui vem um pouco como suporte para o entendimento da força do encontro da assembleia dos crentes para a celebração do dia do Senhor em torno da fração do pão. Encontrava-se em evidência a celebração de toda uma história, agora acontecendo, pelo menos parcialmente, à luz da ressurreição.

Alegrias e tristezas iluminadas pela certeza da ressurreição dão a tonalidade desse encontro, derrubando barreiras com o aparecimento de uma nova criação. Entrava em cena a nova história de um povo que criava novos suportes, com novas pessoas que enriqueciam, apesar dos impactos iniciais, uma nova página, tão bem descrita nos Atos dos Apóstolos: "Naquela época, o número dos discípulos aumentava" (Bíblia, 2006, At 6,1).

Não é difícil perceber alguns elementos fortes que motivavam e fortaleciam os encontros. O mais evidente, sem dúvida, é a descoberta do túmulo vazio, porque o Senhor ressuscitou – já explicitado anteriormente pelo salmista: "A pedra que os pedreiros rejeitaram tornou-se agora a pedra angular. Pelo Senhor é que foi feito tudo isso: Que maravilhas ele fez a nossos olhos! Este é o dia que o Senhor fez para nós, alegremo-nos e nele exultemos" (Bíblia, 2006, Sl 117,22-24).

Outras motivações deveriam estar muito em evidência, entre elas, a vida na elegância da paz transmitida nas aparições do Senhor ressuscitado: "Então Jesus entrou, ficou no meio deles, e disse: a paz esteja convosco" (Bíblia, 2006, Jo 20,19). É preciso criar um clima de paz para que se estabeleça uma vida de madura convivência. "Felizes os promotores da paz, porque serão chamados filhos de Deus" (Bíblia, 2006, Mt 5,9), disse Jesus. Também a consciência da ajuda mútua, até na distribuição dos próprios bens, "porque tudo lhes era comum [...] não havendo necessitados entre eles" (Bíblia, 2006, At 4,32-35). E a descoberta de pessoas diferentes quanto à procedência entre os que buscavam espaços adquiridos pela morte e ressurreição de Jesus.

> "Ninguém coma nem beba da Eucaristia, se não tiver sido batizado em nome do Senhor, porque sobre isso o Senhor disse: Não deem as coisas santas aos cães." (Didaqué, 1989, IX, n. 5)

Nessa determinação forte dada nos primórdios da era cristã, parece não ficar dúvida de que o banho batismal era intrínseca condição para a participação das reuniões em que se celebrava a eucaristia ou, simplesmente, o momento de dar graças. Essa atitude tem embasamento escriturístico do próprio Jesus, quando disse: "Ide ao mundo inteiro, proclamai o Evangelho a todas as criaturas. Quem crer e for batizado será salvo" (Bíblia, 2006, Mc 16,15-16).

O *batismo* é expressão visível do Mistério Pascal acontecendo e trazendo uma profunda identidade de quem é batizado com a pessoa de Jesus: é a Páscoa de Jesus na vida do cristão marcado ontologicamente com um sinal indelével pelo caráter sacramental. É uma inserção indestrutível capaz de tornar a quem é batizado parte do corpo místico de Cristo, participando das dimensões sacerdotal, profética e real do próprio Cristo. É muito forte essa inserção à luz da Palavra de Deus: "Por acaso ignorais que todos os que fomos batizados em Jesus Cristo, fomos batizados para participar de sua morte? Nós fomos sepultados como ele pelo batismo, para que, como Cristo foi ressuscitado [...] assim também nós vivamos uma vida nova" (Bíblia, 2006, Rm 6,3-4).

A grande novidade está na morte, ressurreição e ascensão, porque o envio e a determinação do "crer e ser batizado" aconteceram na realidade da ascensão. Celebrar esses acontecimentos máximos no primeiro dia da semana, com a fração do pão como expressão material desse evento salvífico de criaturas regeneradas, precisava "nascer de novo", conforme o mandamento do Senhor, e a água batismal destruía e destrói as amarras do pecado, sendo possível entender que o "Tu és meu filho eu hoje te gerei" (Bíblia, 2006, Sl 2,7) se realiza, de fato, por meio da filiação divina acontecida no Batismo.

A profunda conexão existente entre a novidade pascal e o batismo evidencia-se com destaque enorme já na missão dos apóstolos, inclusive ela é conferida até aos não judeus. A missão redentora de Jesus não tem fronteiras, e o batismo encontra-se na dimensão da adesão à fé no Senhor ressuscitado como sinal maduro de pertença à novidade trazida por Jesus e continuada pela ação dos apóstolos e pelas primeiras comunidades fortalecidas pela vinda do Espírito Santo, em Pentecostes. Os Atos dos Apóstolos, em vários momentos, iluminam as afirmações expostas até aqui: Paulo sendo batizado (Bíblia, 2019, At 9,18); Pedro determinando o batismo dos primeiros não judeus (Bíblia, 2019, At 10,47-48); Filipe batizando um funcionário etíope (Bíblia, 2019, At 8,26-39) e tantos outros momentos fortes quando a entrada das pessoas nas comunidades ocorre pelo banho batismal, sinal claro de pertença e opção eclesial.

Nos relatos dos grandes autores, ainda no início da era cristã, há seguras comprovações da profunda ligação entre o dia do Senhor, a eucaristia, antes fração do pão ou outros nomes conhecidos, e o batismo. Justino (citado por Jungmann, 2009, p. 40) disse textualmente: "Depois que foi lavado aquele que creu e aderiu a nós, nós o levamos aos que se chamam irmãos, no lugar em que estão reunidos". O mesmo autor continua: "Este alimento mesmo se chama entre nós Eucaristia, da qual ninguém pode participar, a não ser que creia serem verdadeiros nossos ensinamentos e tenha se lavado no banho que traz a remissão dos pecados e a regeneração" (Justino, citado por Jungmann, 2009, p. 40).

Na seriedade que se encontra, na descrição de Justino, está presente uma relação verdadeiramente ontológica e intrínseca. A carta de Barnabé descreve: "O Batismo é, pois, nova criação e retorno ao estado paradisíaco. O Espírito mora na pessoa e na comunidade. Como nova criatura, o batizado caminha para o último dia e para o reino definitivo" (Nocent, 1989, p. 27). Ireneu de Lião (citado por Nocent, 1989, p. 30) asseverou: "O Batismo nos faz participantes da reconstrução do mundo que caminha para o cumprimento total do desígnio de Deus". Tertuliano insere o Batismo no dia da Páscoa e esclarece: "O dia do

Batismo é o dia da Páscoa por excelência, pois somos batizados na Paixão de Cristo" (White, 1997, p. 42).

Nossa inserção na novidade da filiação divina nos torna participantes de uma nova realidade, uma vez que somos criaturas marcadas para um dia tomar posse do Reino que o Senhor Jesus nos preparou. Essa conquista foi obtida pela morte e ressurreição mediante o sacramento pascal do batismo: "Pelo Batismo fomos sepultados com Ele na morte, para que, como Cristo foi ressuscitado dos mortos pela ação gloriosa do Pai assim também nós vivamos uma vida nova" (Bíblia, 2006, Rm 6,4).

Depois das considerações trazidas até aqui, é inevitável nos reportarmos a Hipólito de Roma. Este, passando pelo conhecimento dos escritos de Justino, Ireneu, Tertuliano e outros, traz com clareza as próprias etapas dos sacramentos iniciáticos, incluindo também a confirmação. A riqueza de detalhes apresentada por Hipólito alimenta e ilumina a pedagogia litúrgica da Igreja, indo dos pontífices até o Movimento Litúrgico, passando por Pio XII, na *Mediator Dei*, e da *Mediator Dei* à *Sacrosanctum Concilium*. O ritual de iniciação cristã dos adultos, hoje, contempla bem o que afirmamos anteriormente.

A perfeita identidade entre a Páscoa do Senhor no primeiro dia da semana, a eucaristia (que perpetua o máximo acontecimento no tempo e na eternidade), a fé e o batismo – que formam o conteúdo da própria pregação apostólica e se tornam condição na mística da pertença à comunidade nascente, enfocando a ação do Espírito Santo na vida dos primeiros cristãos sinalizados pelo sacramento da confirmação – levou o *Catecismo da Igreja Católica* a estabelecer que:

> o conjunto dos Sacramentos da Iniciação Cristã, cuja unidade deve ser salvaguardada e que pelo Sacramento da Confirmação todos são vinculados mais perfeitamente à Igreja, enriquecidos de força especial do Espírito Santo, e assim estritamente obrigados à fé que, como verdadeiras testemunhas de Cristo, devem difundir e defender tanto por palavras como por obras. (CIC, 1993, n. 1285)

Toda a economia da salvação, do batismo de Jesus a Pentecostes, passando pela vida pública do Senhor e pela presença do Espírito Santo na pregação dos apóstolos que os fortalecia para "proclamar as maravilhas de Deus" (Bíblia, 2006, At 2,11), conduziu os que creram no ensinamento dos apóstolos e que se fizeram batizar a receber também o dom do Espírito Santo (Bíblia, 2006, At 2,38).

Entendemos, hoje, que os dons do Espírito, trazidos pelo sacramento da crisma, conforme conhecemos pela doutrina da Igreja, são indispensáveis para que haja uma base sólida na linha de uma fé amadurecida capaz de protagonizar, no crismando, atitudes de discípulo missionário.

> O Domingo seja o dia privilegiado para a celebração de todos os sacramentos. O aspecto descendente da ação do Kyrios se funde, sobretudo neste dia, com o movimento ascendente da Igreja: no Batismo o Mistério Pascal encontra o seu fundamento estrutural e o seu simbolismo de base; na Crisma, o dom do Espírito aperfeiçoa a vocação para o testemunho pascal do batizado. (Brandolini, 1992, p. 315-316)

A sintonia existente entre a iniciação cristã e o domingo, à luz do Concílio Vaticano II, da teologia subjacente, no dinamismo dos rituais sacramentais que trazem as alternativas da celebração do sacramento na missa, fortalece o que se pretendeu apresentar no decorrer desta exposição.

Nossas estruturas pastorais e catequéticas enfrentam dificuldades para um fecundo itinerário que possa contemplar o que é do desejo da Igreja desde a primeira edição do ritual da iniciação cristã dos adultos de 1972. Contudo, é animador perceber que não há desânimo na execução dessa exigente tarefa, para que a iniciação à vida cristã vá, aos poucos, concretizando-se na expectativa de tempos melhores.

Mesmo sabendo-se a força do altar da eucaristia, em torno do qual deveriam ser realizados os outros sacramentos, sobretudo o batismo e confirmação, nem sempre isso é possível, principalmente o batismo.

1.2 Um dia essencialmente pascal

O domingo nasceu de um fato, um macroacontecimento com requinte de espetacularidade, e seu aparecimento entra na história da humanidade, em todos os tempos. Jamais a história registrará fato de tamanha magnitude, ponto de origem de uma aliança e um pacto definitivo que começa a existir em nosso tempo, para nos projetar em um tempo de glória, porque, quando for desfeito o nosso corpo mortal, nos será dado um corpo de glória (Bíblia, 2019, Fl 3,21).

Naquele fato estava o início de uma recriação. Novos tempos estavam chegando. Uma história começava a ser escrita. Aparece um novo tempo para um novo homem, que, agora, vê cair por terra a maldição da condenação, começada com Adão e Eva e a certeza de que, se nascemos para morrer, morremos para reviver.

A riqueza de detalhes contidos nos escritos relatados, na cadência e na claridade dos autores, mormente nos evangelistas e apóstolos São Mateus e São João Evangelista, presente em todos os momentos e acontecimentos, é incrivelmente fascinante.

Mas, e o grande acontecimento? Vejamos.

Primeiramente, um conhecimento sobre a humanidade de Jesus em sua identidade perfeita com a divindade. A ressurreição não deixa qualquer margem que nos impossibilite a exclamar como São Tomé: "Meu Senhor e meu Deus!" (Bíblia, 2006, Jo 20,28-29). O aparecimento desse dia ultrapassou a grandiosidade do sábado e tudo passou a se configurar entre o domingo que chega e o domingo que virá.

Com rara beleza, Inácio de Antioquia ilumina o que descrevemos, quando afirma: "Os que se criaram na antiga ordem das coisas vieram para a novidade da esperança, não guardando mais o sábado, mas vivendo segundo o Domingo, dia em que também amanheceu nossa vida por graça do Senhor e por mérito de sua morte" (Basurko, 1999, p. 86).

O sábado tem seu brilho relativo depois do aparecimento do "primeiro dia da Semana", chamado de *dia do Senhor* desde sua ressurreição, e, ainda hoje, é solenemente esperado, assumindo a pujança do citado dia, em clara sinalização do amanhã que há de vir. "Resgatar em nossos tempos o real valor desse dia, parece tarefa não muito fácil. Custa caro o empreendimento, mas precisa ser buscado à luz do ressuscitado que caminha conosco" (Guedes, 2007, p. 16).

Até aqui a grande proposta foi a de mostrar que esse dia precisava existir em razão do macrofato acontecido. É pertinente que façamos a mesma pergunta que o próprio Jesus fez aos discípulos de Emaús: "O que foi?" (Bíblia, 2006, Lc 24,17-19). Ora, a existência de Jesus parece não trazer dúvida a qualquer ser humano, mesmo não admitindo a presença de duas naturezas em uma mesma pessoa. Jesus assumiu uma história concreta de um povo milenar: o povo judeu. Assumiu o "jeito" de ser desse povo com um "jeito" diferente de agir, procurando dar avanços enormes, eliminando os erros, delineando o que estava torto e clareando o que estava escuro na companhia de pessoas que presenciaram todo o percurso de Jesus e testemunharam feitos que jamais existiram e que, no futuro, não acontecerão. Quem mais deu vista aos cegos (Bíblia, 2019, Mc 8,25)? Expulsou demônios (Bíblia, 2019, Lc 4,35)? Curou leproso (Bíblia, 2019, Lc 5,13)? Mudou a situação climática e caminhou sobre as águas de noite (Bíblia, 2019, Mt 8,26; Mt 14,25)? Ressuscitou mortos? (Bíblia, 2019, Jo 11,43; Lc 7,14)? Multiplicou pães e mandou jogar redes que recolheram enorme quantidade de peixes (Bíblia, 2019, Jo 6,11-13; Lc 5,4-7)? A pregação e as ações dos apóstolos e dos santos certamente ajudaram muito a solidificar tudo o que Jesus realizou.

Essas mesmas pessoas estiveram presentes desde a entrada desse homem incrível na cidade de Jerusalém, seguiram seus passos, sua trajetória, assistiram à sua prisão, acompanharam-no à casa de Pilatos (Bíblia, 2019, At 15,1) e prosseguiram atentos ao local chamado *Calvário*, onde se consumaria o desfecho fatal e final: a crucificação, espetáculo comprobatório de doação sem limite, motivado por uma prova de amor que desafiou qualquer dúvida. Tudo foi rigorosamente acompanhado de testemunhas.

Devemos considerar a existência de alguns elementos significativos no exato momento da morte do homem Jesus, conforme veremos a seguir, com precisas descrições dos autores dos quatro Evangelhos, inclusive João e Mateus, que eram também apóstolos; Marcos e Lucas, companheiros de Pedro e Paulo: a presença de trevas em toda a terra. A natureza manifestou-se diante de tamanha atrocidade. Ali estava o *Kyrios*, o Senhor, Alfa e Ômega, isto é, princípio e fim, cuja vida mortal lhe era tirada. O sol negou a luz; afinal, a verdadeira luz se apagara por algum tempo e, certamente, nenhuma outra luz poderá substituí-la. No grande templo, em Jerusalém, local onde predominava a reverência pelos chamados *sacerdotes*, onde estiveram, no passado, as tábuas da lei e a arca da aliança escondidas por um véu "que se rasgou pelo meio" (Bíblia, 2006, Lc 23,45), em clara sinalização de que a presença da lei antiga, com suas incertezas e interrogações, estava ameaçada por uma nova e eterna aliança selada com o sangue derramado na cruz, trazendo para a humanidade a esperança da chegada de um novo céu e uma nova terra, embora, naquele trágico momento da crucificação, seguida de morte do Senhor Jesus, ainda fosse cedo para falar de *madura esperança*, porque a grande vencedora era a morte que a tudo destrói, até a natureza.

O lugar mais alto, naquela tarde, só poderia ser ocupado pela morte. Às vezes – e quase sempre –, a morte parece soberana: tira o direito das pessoas de sorrirem, destrói a alegria, produz lágrimas e fere corações. Seria diferente, naquela tarde, quando Aquele que dissera "eu sou a vida" já estivesse morto? Era muito forte aquele momento.

É fácil deduzirmos uma pluralidade de reações das pessoas que ali estavam: comoção e certeza de que o acontecimento ultrapassava os limites do entendimento puramente humano. Aquelas horas desafiavam qualquer compreensão; somente à luz de alguma definição exclusivamente científica podemos deduzir também a presença de indignação, da revolta e da raiva pelo monstruoso assassinato, levado por motivações pouco ou nada razoáveis, mas apenas por aquilo que disseram de Jesus. A história registra que conhecidos personagens, ainda que mentirosos, enganadores e traiçoeiros, atraíam admiração de muitos seres humanos. Também as pessoas que não aprovavam as palavras e as atitudes de Jesus deviam estar passando, talvez, por momentos de vitória e realização. E ali estava morrendo alguém que foi declarado inocente pela autoridade maior, Pilatos, que mencionou: "não achei nele nada que mereça a morte" (Bíblia, 2006, Lc 23,22). E, por último, como em tantos outros tempos, deveriam estar pessoas indiferentes levadas somente por curiosidade. O espetáculo era grande demais.

A indiferença soma pouco ou nada, ou pode até atrapalhar quando é alicerçada na mediocridade e covardia. Afinal, até a natureza se manifestou: "a terra tremeu, fenderam-se as rochas" (Bíblia, 2006, Mt 27,51) e "houve trevas por toda a terra" (Bíblia, 2006, Mc 15,33). Como poderia existir indiferença? Poderia sim. O coração humano pode exalar odor de bondade, mas nele também podem crescer cenas de maldade; produzir luz de eternidade, assim como sombra de ingratidão. Esse coração é capaz de desafiar qualquer afirmação que queira mostrá-lo como origem somente do bem ou somente do mal. É sempre repleto de surpresa.

Terminadas essas horas verdadeiramente sombrias na ótica do ser humano, começaram os momentos que antecederam o sepultamento: o descendimento da cruz, o corpo sendo envolto em um lençol depois de receber a mirra, substância própria para a unção dos corpos. Tudo isso presenciado pela mãe de Jesus (Bíblia, 2019, Jo 19,25).

E, por fim, o momento do sepultamento, o qual reserva uma forte dose de sofrimento. Os olhos humanos nunca estão preparados para contemplar esse capítulo, que, por vezes, todos estamos sujeitos a vê-lo. A sensação de perda, alimentada pela saudade e pela fragilidade, chega com requinte de dor e desfalecimento. Essa cena precisava ser desenvolvida, com mais rapidez, pela proximidade do dia maior, o sábado. No desenrolar dessa cena, não pode passar despercebido um momento desprezível a qualquer visão humana: "chegando, porém, a Jesus, como o vissem já morto, não lhe quebraram as pernas, mas um dos soldados abriu-lhe o lado com uma lança e, imediatamente, saiu sangue e água" (Bíblia, 2006, Jo 19,33-34). Fica bem uma interrogação: o sábado é maior do que as pessoas e são elas feitas para o sábado ou o sábado é que é feito para elas?

O corpo sem vida de Jesus, a exemplo de qualquer outro corpo, é colocado no sepulcro. Para quem já presenciou um momento como esse, pode testemunhar a vitória da desesperança, da amargura e da terrível perda. Nada resta para se esperar, pois tudo acabou. A história do sepultamento encerra qualquer possibilidade de se ver narração, no presente, de fatos daquela pessoa, agora vencida pela ferocidade da morte. Não se usa o verbo no presente nem no futuro para situar quem a morte derrotou.

Nessa situação, parece esvair-se a capacidade de reflexão, uma vez que os sentimentos são atingidos e feridos de modo brutal.

> Uma "coisa" é certa: parece desaparecer a esperança de um povo que aguardava sua libertação. Ele não é o Messias? Não é o Filho de Deus? E agora?

O que apresentamos até aqui não se trata de uma veemente apologia da morte, mas de abordá-la como força invencível na realidade humana. Pretendemos abastecer a reflexão para tirar maior proveito e clarear a dedução do tamanho e a grandiosidade da vitória diante de um temível adversário. O heroísmo está, justamente, na certeza de derrotar um oponente que vence sempre. Não é o caso da morte? O valor e a beleza da vida elevam-se e evidenciam-se trazidos pelo medo e pela certeza da morte. O terror que a morte nos impõe é impulso para descobrirmos que a vida é dom maior.

Alguém já disse que nada pode ser melhor do que um dia após uma noite. Isso torna-se ainda mais alvissareiro quando não desprezamos a esperança.

Na abordagem seguinte, veremos o desmoronamento de todos os acontecimentos que envolveram a morte do Senhor Jesus e o triunfo da vida. A vítima, Jesus, torna-se vitorioso. A noite da escuridão motivada pela tristeza e pela decepção, vai se dissipando para dar lugar à aurora da manhã, registrando o aparecimento de um novo dia, o primeiro da semana, essencialmente pascal e magistralmente descrito pelos quatro evangelistas (Bíblia, 2019, Mt 28,1-7; Mc 16,1-7; Lc 24,1-7; Jo 20,1-10). E, assim, passa a existir o domingo, páscoa semanal dos cristãos, dia do Senhor sempre tido como "o principal dia de festa" (SC, 1963, n. 106; IGMR, 2002, n. 166), trazendo em sua importância o início de uma nova história, nova

> O valor e a beleza da vida elevam-se e evidenciam-se trazidos pelo medo e pela certeza da morte.

criação, que, por si só, na etimologia, já se autodefine como *domingo*, isto é, dia do Senhor, o *dominus* com a força do questionamento: Quem é esse Senhor e por que esse dia? Esse dia "se apresenta como sacramento, sinal eloquente e eficaz de culto ao Pai por Cristo no Espírito e de santificação para o homem" (Brandolini, 1992, p. 311).

A partir do acontecimento magno da ressurreição do Senhor, instauram-se o domingo – também chamado, conforme testemunhos seguros do magistério da Igreja e da história, de *féria prima, dies domini, domenica, dia do Senhor* – bem como a maneira de celebrar esse dia.

A Didaqué, ou Doutrina dos Apóstolos, determina: "reuni-vos no dia do Senhor para a fração do Pão e agradecei" (Didaqué, 1989, XIV, n. 1). Esse dia passa a ser santificado e festivo, tornando-se, em todos os tempos, conhecido por gerações ainda que pouco familiarizadas com o fato da ressurreição. A verdade é que esse dia tinha uma mística e uma realidade intrínseca que invadiram toda a dinâmica social, pessoas e ações, por serem especiais, e passou a determinar a cronologia dos acontecimentos: "Tal fato ocorreu semana passada ou acontecerá na semana que vem". Nesse tipo de afirmação está implícita a presença do domingo, que dá início à semana e realiza seu encerramento. É dia que interfere e determina também a essência dos encontros puramente comemorativos, sociológicos, esportivos, grandes concentrações populares para diversas finalidades, lazer, momentos culturais e, sobretudo, a celebração da páscoa semanal dos cristãos, tendo como centro a eucaristia. "A semana é um tempo subordinado do Domingo, o qual tem a preeminência dentro dela" (Celam, 2007, p. 31).

O percurso feito até aqui faculta, sem muita dificuldade, a seguinte dedução: o domingo é, de fato, um dia essencialmente pascal.

1.3 Dia da reunião para a escuta da Palavra

A descoberta da grandiosidade e da importância do domingo vai despertando na mente e no coração humano um maduro desejo próprio de poder se encontrar, por ser esse dia especial para os diversos encontros. E, para quem passou e passa por própria experiência, a certeza da grandiosidade desse dia pelo fato da ressurreição, quando a vida triunfou e Jesus permanece vivo, não há como não se encontrar para manifestar e perpetuar essa maravilha libertadora e santificadora na qual cada pessoa é chamada a se inserir.

Na condição de *primeiro dia da semana*, o domingo, por si só, já nos remete à certeza de que Cristo "vencendo a corrupção do pecado, fez uma nova Criação", conforme diz o Prefácio Pascal IV do Missal Romano (Sagrada..., 1992, p. 424). A criação restabelece sua identidade primitiva e celebra, semanalmente, a grande festa de sua recriação. "É o principal dia de festa" (SC, 1963, n. 106). E assim são pertinentes as interrogações: Como administraríamos nossa vida em geral e em particular se não houvesse o domingo? Como seria o ano litúrgico sem o domingo?

No domingo, pela eucaristia, instaura-se "o lugar privilegiado do encontro do discípulo com Jesus Cristo" (Documento de Aparecida, 2007, p. 117) que "explica-lhes as escrituras" (Bíblia, 2006, Lc 24,27). Esse dia é, de certa forma, a síntese da vida Cristã (Didaqué, 1989, n. 81), porque a identidade da Igreja, a *ekklesía*, exprime-se admiravelmente na assembleia dominical em que é a convidada especial do Senhor vivo e ressuscitado (Didaqué, 1989, n. 31).

A dinâmica e a metodologia da Igreja, desde os primeiros séculos, aconteceram em torno da fração do pão, do ofício, do Sagrado Mistério, da oblação, do sacrifício, da eucaristia, da liturgia e, muito mais tarde, a partir do século X, passaram a significar eucaristia dos cristãos no maior ato de culto chamado *missa*. A missa passou ser a maneira do encontro com o Senhor ressuscitado.

O Concílio Ecumênico Vaticano II, acontecimento marcante realizado nos anos 1962 a 1965, por meio da Constituição *Sancrosanctum Concilium*, quando trata das várias presenças de Cristo na sagrada liturgia, isto é, na assembleia reunida, afirma o seguinte: "presente por sua Palavra, pois é Ele quem fala quando se lê a Escritura na Igreja" (SC, 1963, n. 7).

Essa afirmação do magistério da Igreja, iluminada pela Trindade Santa, chegava em hora certa: não para substituir a reunião do povo de Deus aos domingos em torno da celebração da eucaristia, palavra que se faz carne, mas sim para garantir a presença do Senhor ressuscitado nas inúmeras e inevitáveis comunidades que celebram os mistérios da fé ao redor da Palavra pela carência de presbíteros que presidam a eucaristia. A Palavra de Deus celebrada é garantia da evocação do "Pai que entra na história, o Filho prolonga o mistério de sua Páscoa e o Espírito Santo atua com sua força" (CNBB, 1994, p. 5). Essa maneira simples, mas rica e frutuosa, foi ratificada e modulada pedagogicamente pela Igreja pela Congregação para o Culto Divino, no documento intitulado *Celebrações Dominicais na Ausência do Presbítero*, que estabelece: "entre as formas celebrativas que se encontram na tradição litúrgica, é muito recomendada a celebração da Palavra de Deus" (Celam, 2007, p. 20).

O conhecimento da amplitude das terras latino-americanas, por exemplo, com o enorme aumento populacional, é modalidade supletiva de fazer memória e entrar no Mistério Pascal, mediante a celebração da Palavra, e é, sem dúvida, um enorme sopro do Espírito Santo, garantindo a comunhão entre todos os filhos de Deus que precisam de amparo no seguimento de Jesus.

> Assim, constatamos que foi exatamente a Palavra que trouxe a compreensão da existência e da veracidade do domingo, no decorrer dos séculos, e define a supremacia desse dia em relação aos outros dias, apresentando e definindo seu dinamismo e sua mística. Pelos escritos dos santos padres, perfeitamente aceitos pela Igreja, tomamos conhecimento de que, na Palavra de Deus, está presente o próprio Cristo.

A Palavra define o domingo, faz a convocação para a formação da assembleia, elabora e patrocina a mística da escuta, provoca o grande memorial da própria história da salvação, fazendo com que, pela sua notável atualidade, o ontem penetre no hoje, fazendo-se carne (Bíblia, 2019, Jo 1,1-18), na mística e na elegância de uma escuta efetiva e afetiva da Palavra que chega criando comunidades, recria a história e ilumina a vida do povo.

A reunião dominical em torno da Palavra traz base sólida de enorme valor nesse dia da ressurreição e recriação. O Documento de Santo Domingo afirma que a Palavra de Deus fecundou as culturas dos nossos povos, chegando a constituir parte integrante de nossa história (Celam, 1992). Nessa reunião, o domingo vai gerando comunidades, alimentadas pela Palavra que faz a eucaristia, os sacramentos e os sacramentais. A Palavra provém do Pai e, na Igreja, com Cristo e no Espírito Santo, vai nos desafiando, como caminhantes que somos, em busca do amanhã que há de vir. A Palavra assume as palavras e os gestos humanos, fazendo com que a fé torne-se perceptível. Em contrapartida, realiza a celebração do Mistério Pascal e a vida do homem e da mulher de hoje vai assumindo e tomando uma maneira pascal de ser.

A constatação da carência de presbíteros é, reconhecidamente, muito grande, e as comunidades – principalmente as mais distantes dos grandes centros – ficariam sem o mistério de Cristo em sua vida e a celebração da Palavra nas assembleias dominicais. Nessa reunião, "realiza e manifesta a aliança que Deus firmou e, pela Páscoa de Cristo, continua firmando com seu povo" (CNBB, 1994, p. 6). Constatamos, também, a presença fecunda do Espírito Santo na Igreja, que se reúne em assembleia e supre a ausência da celebração da eucaristia com a celebração da Palavra, que proporciona o belo encontro de Deus com seu povo reunido, com o qual se comunica e se faz presente em Jesus Cristo.

A atenção da parte de cada pessoa, presente nessa reunião em torno da Palavra, deve estar clara e suficientemente esclarecida com a necessidade de saber que a eficácia da Palavra vai depender de uma resposta de fé e vida, esperança e caridade da parte dos que a escutam para haver fruto de transformação.

Certamente, uma boa preparação de pessoas que vão conduzir as celebrações, a elegância dos métodos e dos elementos significativos, um encontro profundamente orante e fraternal serão ingredientes indispensáveis, para que, dessa reunião, saia caminho seguro de conversão, de fraternidade, de partilha solidária em um terreno fértil, facilmente fecundado pela ação amorosa do Espírito Santo.

A Palavra é a especial portadora da sublime comunicação de Deus com seu povo eleito. Se esse acontecimento foi desenvolvido em um clima orante e familiar, inserido na realidade dos lugares com indispensável comunhão fraterna, há de resultar em progresso de alto alcance, e a memória de Cristo se realizará de uma forma significativamente vivencial.

Duas citações da própria Escritura Sagrada podem trazer um grande conteúdo e continuar chamando essa exposição para uma frutuosa riqueza, na constatação de que, sendo Palavra que, por vezes, é tesouro "escondido debaixo do candeeiro" (Bíblia, 2006, Mt 5,15), ela se tornará vida, porque "as palavras que eu vos digo são espírito e vida" (Bíblia, 2006, Jo 6,63), conforme o próprio Jesus disse.

1.4 Primeiro ou oitavo dia?

O ciclo semanal termina com o domingo, que assume o patamar de oitavo dia. E, assim, é encerrada mais uma semana na expectativa alegre do domingo, que abre horizontes para as diversas comemorações festivas. Esse dia vem trazendo, em seu aspecto anamnético – isto é, de lembrança e memória –, um valor sacramental, uma vez que é o grande sinal de libertação. É um dia desafiante que pode ser mais bem compreendido na ótica e na mística da ressurreição de Jesus. Esse dia é, de fato, especial; é capaz de ser o oitavo e o primeiro dia da semana, conforme a narrativa dos Evangelhos. Justino, no diálogo com Trifão, disse: "seguindo a sucessão cíclica dos dias, vem a ser o oitavo, embora permanecendo o primeiro" (Justino, citado por Augé, 1998, p. 292).

O oitavo dia quer evocar, dar início e inaugurar o começo de uma nova criação, sinalizando o advir dos últimos tempos, estabelecendo uma nova realidade. São novos tempos que despontam e se abrem com uma chave escatológica, ou seja, para o amanhã que há de chegar. O oitavo dia desperta, em cada criatura que celebra e vive na terrena Jerusalém, aquilo que se vai vislumbrar na celeste Jerusalém.

O domingo parece se envolver de um mistério que o lança em uma esfera muito alta: "O oitavo dia envolve um mistério convidando-nos porque o primeiro dia da semana, mesmo sendo o primeiro de todos os dias, torna-se o oitavo da série, contando outra vez todos os dias, sem deixar de ser o primeiro" (Justino, citado por Basurko, 1999, p. 125).

Esse dia ultrapassa a semana de sete dias e nos lança em um futuro que não tem fim, projeta-nos na sucessão dos dias, trazendo, com certa clareza, a imagem de eternidade. Somos cidadãos que, percorrendo em nossa transitoriedade, almejamos a eternidade, porque trazemos a presença do verdadeiro Sol que não conhece ocaso: Jesus Cristo vivo e ressuscitado, esperança de eternidade e de futuras alegrias plenas.

É um dia que poderia ser visto como qualquer outro dia, mas que nos leva para uma dimensão futura, convida-nos a olhar para a frente em uma audácia de infinito até se desfazer este tempo, para começarmos o tempo de glória, nosso definitivo tempo. E aí já não serão necessários dias e semanas, mas um único dia. E esse dia não poderá ser o eterno oitavo dia?

Nosso compromisso com Jesus vivo e ressuscitado é despertado para um percurso novo e um novo êxodo, buscando plena e definitiva comunhão com Deus uno e trino. Há necessidade de nos desinstalarmos de nossas constantes comodidades presentes e reveladas na precariedade de nossas atitudes, para que se inaugurem, já em nosso tempo, a posse de bens eternos e definitivos. Essa tarefa é árdua e exige esforço e coragem, que necessita de uma descoberta contínua de caminhantes do Reino definitivo, inaugurado na pessoa e na obra de Jesus Cristo, que realizará no fim dos tempos na Sua última vinda gloriosa.

O domingo existe não para ser simples recordação de acontecimento do passado longínquo, com sinalização vazia, mas uma realidade presente apontando para o futuro. É uma porção do tempo com valor e dignidade de sinal sagrado que parte do presente da celebração, assume o passado, projetando-nos no futuro. Ele acontece na dinâmica e na mística do tempo, mas confere um sentido novo à própria história, por apresentar e evocar uma ideia de plenitude e perfeição.

Coube à *Liturgia das Horas* dar um magistral desfecho no poético conteúdo de um hino dominical: "oh dia, primeiro e último, dia radiante e esplendoroso, do tempo de Cristo resplandecente e oitavo dia, a hora nova do mundo, consagrado por Cristo, primícias dos ressuscitados" (Augé, 1998, p. 57), ao passo que o *Catecismo da Igreja Católica* dá o seguinte ensinamento: "Enquanto primeiro [...] lembra a primeira criação enquanto oitavo dia [...] significa a nossa criação inaugurada com a Ressurreição de Cristo" (CIC, 1993, n. 2174).

Essa forte afirmação do Catecismo da Igreja Católica sinaliza uma verdade que permeia nossa própria dinâmica programática, quando o domingo é referência para o início de algumas atividades e é também o dia do encerramento dessas mesmas atividades.

Quando, no início deste capítulo, abordamos a relação entre o domingo e os sacramentos de iniciação cristã, principalmente o batismo e a eucaristia, percebemos, com clareza profunda, no dinamismo de uma teologia subjacente, amostragem realmente muito abrangente: o batismo é uma realidade intrínseca de entrada, inserção e participação do Mistério Pascal, no qual e por meio do qual há uma recriação, porque "pelo Batismo na sua morte, fomos sepultados com Ele, para que como Cristo ressuscitou [...] assim também nós levemos uma vida nova" (Bíblia, 2006, Rm 6,4). Lavados na água do batismo, morre uma herança, marcada pela origem do pecado, e nascemos para uma vida nova, realizando em nós as palavras do Salmo: "Tu és meu filho, eu hoje te gerei" (Bíblia, 2006, Sl 2,7). É suficientemente claro que "no Batismo o Mistério Pascal encontra seu fundamento estrutural e o seu simbolismo de base; na Crisma, o dom do Espírito aperfeiçoa a vocação para o testemunho pascal do batizado" (Bandolini, 1992, p. 315-316).

Todo o caminho catecumenal, com suas diversas etapas e metodologias, chega ao batismo e à crisma, avançando em direção à celebração da eucaristia, de preferência dominical, uma vez que a vida eucarística abrange todo o envolvimento pessoal e comunitário na fé. "O coroamento da iniciação cristã é sem dúvida a Eucaristia vivida em plenitude, como ação de graças, como sacrifício e comunhão com o corpo de Cristo e os irmãos" (Beckhäuser, 1996, p. 51).

Antes da conclusão desta abordagem sobre o domingo na condição de primeiro ou oitavo dia da semana, não podemos esquecer que a centralidade do Mistério Pascal focaliza esse dia para celebrar o grande acontecimento: quando Cristo, vencedor do pecado e da morte, dá início a uma nova e eterna aliança. É, portanto, o dia de Jesus Cristo, Princípio e Fim, Alfa e Ômega.

O encontro com o Senhor ressuscitado, dessa maneira, terá sempre uma primeira vez, um primeiro dia que há de perpassar toda uma história e chegar ao fim que jamais terminará: a vida eterna. Aqui, certamente, não haverá contagem de tempo, nem especificação de dia da semana, porque o que é transitório dará lugar àquilo que é eterno.

1.5 Espiritualidade e pastoralidade: alguns desafios

A Sagrada Liturgia é ação da Igreja, mas a obra é da Trindade Santa. O Pai é fonte e fim. Na liturgia, é a Ele que, pelo Filho e na Fé do Espírito Santo, tudo é santificado, que se rendem toda glória e todo louvor.

Nas ações litúrgicas, em especial na eucaristia, o povo de Deus, reunido em assembleia, tendo Jesus Cristo como centro, por serem tais ações intrinsecamente cristocêntricas, apresenta ao Pai, pela ação do Espírito Santo, em um gesto de profunda glorificação, todas as dores e alegrias, graças e misérias. Por sua vez, o Pai chega ao povo e a cada pessoa, por Jesus Cristo, no Espírito Santo, no sublime gesto de santificação.

A Figura 1.1, a seguir, demonstra bem o que acabamos de apresentar.

Figura 1.1 – Atuação das três pessoas divinas na ação litúrgica

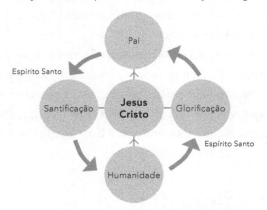

Essa constatação, com uma teologia de base bastante clara, é comprometedora no sentido de que não basta somente uma reunião no domingo para a celebração de um passado acontecimento, um memorial ou um amontoado de gestos e sinais permeados de muita beleza externa com incrível fascínio estético. Toda a ritualidade simbólica existe para compensar nossas limitações. Precisamos de símbolos, gestos, palavras e de tudo o que possa envolver nossas faculdades e até precariedades humanas; mas, em cada ação litúrgica, mormente a eucaristia dominical é o maduro encontro com o Pai, o Filho e o Espírito Santo, que há de nos transformar, se deixarmos que o espírito de Jesus ressuscitado, pela força do Espírito Santo, estabeleça um encontro com o Pai. Isso é espiritualidade. Na eucaristia dominical, principalmente, o Senhor torna-se visível e presente à sua Igreja, pois é a "Eucaristia que fez de um dia o dia do Senhor e não é o primeiro dia da Semana que exige a Eucaristia" (Marsili, 2010, p. 508).

> Toda a ritualidade simbólica existe para compensar nossas limitações.

O horizonte luminoso, que desponta nas primeiras horas do dia especial de encontro para a celebração dominical, deve trazer uma nota de rara clareza da profundidade desse evento, cuja característica não pode ser de cunho somente preceitual, rotineiro, fruto de tradições passadas e culturas medievais. Esse encontro é sempre novo, porque é renovador, transformador e condutor de alimento indispensável e portador de requisitos que de nossas vidas participam, carecendo de ajuda e força em serviços diários, partilhas, sucessos, lágrimas, tristezas e alegrias, graças e pecados, fracassos e vitórias; todos inseridos na doação sacrifical de Jesus e em seu Mistério Pascal. Essa é, portanto, a permanente realidade que o domingo assume e celebra para ser o restabelecedor essencial e a indispensável fonte de espiritualidade e luz para qualquer iniciativa de vida pastoral.

Esse dia é, sem dúvida, uma autêntica escola, um itinerário que não deve ser substituído, sobretudo "nesta sociedade fragmentada e repleta de pseudo-valores que coloca, continuamente, à prova, a fidelidade dos cristãos em sua fé e bons costumes" (Guedes, 2007, p. 64). É desafiadora a verdadeira compreensão do sentido de todos os elementos componentes da missa dominical, para que aconteçam efeitos mais positivos. Celebrar a eucaristia é participar do acontecimento da cruz e ressurreição, celebrado e vivido hoje; é sentir que a Páscoa de Cristo deve estar presente na vida de cada pessoa e perpetua o sacrifício da cruz pelos séculos até a volta do Senhor; é sacrifício de louvor, ação de graças, de purificação e satisfação; é ação de Cristo e do povo de Deus hierarquicamente ordenado e centro da vida cristã; é ápice da ação divina realizada em Cristo para a santificação do povo de Deus; traz a presença do Senhor na assembleia reunida, no ministro que preside essa ação sagrada, na Palavra proclamada e, de modo especial, nas sagradas espécies eucarísticas do pão e do vinho.

A tarefa fica mais facilitada na medida e na proporção de um maior entendimento da cadência do rito, com sua força de epifania, isto é, manifestação e comunicação do sagrado. A compreensão da pedagogia da ritualidade é condição essencial para haver um profundo mergulho na santidade do momento celebrativo. Somos carentes de simbolismo, elementos materiais, para entrar no mistério celebrado. Toda liturgia é um acontecer de realidades sagradas e ocultas em forma terrena. Símbolos e sinais realizam uma ação litúrgica e, portanto, tornam-se indispensáveis como elementos que compensam nossos limites humanos. Tudo o que acontece na celebração dominical é rico por ser sinal e seta que apontam e transmitem algo santo e sublime.

O próprio encontro das pessoas já é muito significativo. Encontrarmo-nos com o outro é arte e metodologia para dar início ao diálogo, que, juntamente à comunhão, ao testemunho e ao serviço, é pilar indispensável para a construção de uma verdadeira e autêntica eclesiologia. Os elementos do rito inicial, como a procissão de entrada que define nossa missão de caminhantes do Reino, demonstram como necessitamos avançar, prosseguir e, também, parar para melhor caminhar. Toda essa ação é acompanhada do canto que nos traz o fato celebrado: Páscoa, Advento, Quaresma, Natal, Tempo Comum e outros acontecimentos; o Evangeliário colocado sobre o altar e o próprio altar nos comunicam as duas partes da missa: Palavra e eucaristia; o ato penitencial revela a existência de nossa natureza frágil e nos lembra a necessidade de uma tomada de consciência de nossos limites, mas, ao mesmo tempo, transporta-nos para o campo da confiança na misericórdia divina, que nos deixa confiantes para participar do mistério santo e imenso da ceia do Senhor. Esse momento nos capacita para, menos indignos e unidos a Jesus, oferecermos ao Pai a eucaristia. Entretanto, em cena, há o sério desejo de reconciliação com Deus e os irmãos; o padre presidente dessa ação, na pessoa de Cristo, terá consciência de não ser o centro, mas o principal servidor.

A procissão de entrada com o canto que a acompanha, a reverência ou a genuflexão ao chegar ao presbitério, o abraço e o beijo no altar, a saudação do presidente da celebração, o ato penitencial, a glória, quando houver, e a oração da missa do dia são os elementos formadores dos ritos iniciais que preparam a assembleia para os dois momentos determinantes da celebração: a Palavra e a eucaristia.

No gesto de se assentar, a assembleia coloca-se na atitude de escuta com os olhos fixos na mesa da Palavra, ouvidos bem abertos e coração sintonizado com a mente, porque o próprio Deus vai nos falar, e o coração humano é o destinatário dessa Palavra. É nesse coração que Ela se encarna no hoje da história.

A liturgia toda, principalmente a eucaristia, privilegia destacadamente a Palavra de Deus. Essa Palavra realiza os sacramentos e sacramentais; faz a eucaristia: o Verbo se faz carne no altar da eucaristia.

A Igreja prepara para o povo cristão uma abundante e variada mesa da Palavra de Deus, porque, nos livros sagrados, Deus que está nos céus carinhosamente vem ao encontro de seus filhos e fala com eles fala (Vier, 2000); por isso, a mesa da Palavra de Deus está muito bem preparada, e os tesouros da Bíblia se abrem para que o próprio Deus se comunique conosco. Jesus Cristo estabelece uma forte presença nesse momento solene da ação litúrgica.

A homilia, isto é, a conversa em família do ministro ordenado com a assembleia reunida, é o momento de fazer a transposição entre a Palavra proclamada e a vida da comunidade. O alimento foi devidamente preparado; só faltam, agora, o conhecimento do homiliasta do mistério celebrado, o contato com os textos bíblicos e as orações da missa, o tempo litúrgico, a necessidade de servir a comunidade com elegância, por intermédio de uma boa comunicação, pelo domínio da gestualidade e muita espiritualidade, para enfrentar esse momento desafiante. A presença do Espírito Santo fará a diferença.

A profissão de fé possibilita ao povo reunido, em assembleia, proclamar e professar sua fé nas verdades eternas; sem uma fé madura direcionada a firmes propósitos de ações concretas, a presente celebração seria apenas um amontoado de palavras, gestos, símbolos e belos enfeites que não cumpririam a real finalidade de nos fazer íntimos do Mistério Pascal. Toda a ritualidade é portadora da sublime missão de colocar cada pessoa e toda a assembleia em estreita comunhão com a Trindade Santa e os irmãos.

Esse sublime momento ritual da liturgia da Palavra se encerra com a oração universal da comunidade ou dos fiéis, quando a palavra se faz oração. A Palavra proclamada, ouvida e servida, há de nos conduzir a uma comunicação com Deus por meio da fecundidade da oração. O mesmo Deus que nos falou está sempre em atitude de prontidão para nos ouvir. Essa oração, ecoada pela boca de tantas pessoas, saindo da profundeza do coração, passando pelo intelecto e iluminada pela fé, chegará ao destino certo: o Pai celeste.

E, por fim, o momento ápice da celebração mediante a liturgia eucarística, começando pela entrada do pão e do vinho, que são a matéria do sacrifício. A assembleia reunida se nutriu "com as lições da Sagrada Escritura e com a explicação que a seguiu proclamada a sua fé e ter-se dirigido ao Senhor na oração dos fiéis, agora prepara-se para ser alimentada com o Corpo e o Sangue de Cristo" (Melo, 2011, p. 57).

Síntese

O domingo é o dia que pode ser visto como início ou fim de um acontecimento, para diversos encontros ou, simplesmente, um dia central para a realização de ações que trazem várias motivações significativas. O dia a dia de nossas vidas respeita o domingo e faz dele um componente de nossa existência, sendo conhecido e reverenciado pela esmagadora maioria das pessoas, independentemente de raça, cultura e religião.

Contudo, ele nasce de um contexto que arrebata e transforma o próprio ser dos cristãos, enquanto passa existir a partir de um fato libertador e transformador, que é a ressurreição de Jesus Cristo. Assim, trata-se do início de uma história recheada de esperança e de desafios: temos a franquia do céu como nossa residência futura e definitiva que precisa ser conquistada. Nesse sentido, é um dia de profunda renovação de nossas esperanças, uma vez que é o dia no qual aconteceu a vitória da vida de Jesus, que venceu a morte. Esse fato é que fez e faz toda a diferença em nossas vidas.

Atividades de autoavaliação

1. O domingo começou com:
   a) a prisão de Jesus.
   b) a ressurreição de Jesus.
   c) a promessa do Salvador.
   d) o nascimento de Jesus.

2. O sacramento que nos faz participar, ontologicamente, do corpo místico de Cristo é:
   a) a crisma.
   b) o batismo.
   c) a ordem.
   d) a eucaristia.

3. O domingo é também conhecido por:
   a) primeiro ou oitavo dia da semana.
   b) somente primeiro dia da semana.
   c) dia dos sacramentos.
   d) somente um dia de descanso.

4. Desde o início do cristianismo, dois sacramentos estão intimamente ligados na celebração dominical. São eles:
   a) batismo e crisma.
   b) crisma e eucaristia.
   c) eucaristia e ordem.
   d) batismo e eucaristia.

5. O grande acontecimento do domingo, hoje, é:
   a) a celebração consciente da eucaristia.
   b) cumprir somente o preceito de ir à missa.
   c) somente para recordar a ressurreição de Jesus.
   d) recordação de tradição familiar.

Atividades de aprendizagem

Questões para reflexão

1. Examinando a Figura 1.1, apresentada neste capítulo, reflita sobre a presença de Jesus Cristo no centro.

2. Examinando Figura 1.1, apresentada neste capítulo, reflita sobre a presença do Pai na parte mais alta.

Atividade aplicada: prática

1. Como celebrar e aproveitar, hoje, o domingo, de modo que esse dia possa nos trazer elementos positivos na família, no lazer, na relação com as pessoas e com Deus?

2
O ciclo pascal

O dinamismo, a centralidade e o compromisso cristão estão no fato do Mistério Pascal. É nele que tudo começa, é para ele que tudo se encaminha e é nele que tudo se centraliza. Jesus, vencedor da morte, estabelece com todas e em cada pessoa uma estreita e eterna parceria. Nada teria sentido para celebrar a fé batismal.

No período do ciclo pascal, sentimos a graça do rico e indispensável período quaresmal, o qual culmina com o início do tríduo pascal e o longo tempo pascal. O binômio *morte e vida*, trazido da riqueza das celebrações litúrgicas desse ciclo, é um grande fio condutor para que, com o Senhor Jesus, seja estabelecida uma forte e sólida identificação. Na presente abordagem, buscamos prestar esse serviço para não só propiciar uma melhor compreensão daquilo que se celebra, mas também para dar alicerce que auxilie na indispensável tarefa de progresso humano e espiritual.

O ciclo pascal traz pistas e fornece alimentos e elementos seguros para novas criaturas, finalidade séria das celebrações que se realizam nesse grande período do ano.

2.1 Aspectos e reminiscências na Bíblia e na história

A abordagem deste tema é tarefa que ultrapassa e desafia a possibilidade de abordamos tudo ou quase tudo a esse respeito, por se tratar de assunto central e centralizante. A consciência dos limites diante de tamanha responsabilidade nos convida a um desafio ainda maior. É o coração do ano litúrgico e o cume da vida cristã.

A história da salvação centralizada na vida que vence a morte em Cristo é trazida de modo magistral nas celebrações do ciclo pascal, não nos fatos históricos e saudosistas, mas como momentos vitais de revigoramento na largueza da economia da salvação. A virtude da fé não teria espaço na vida humana se Cristo não tivesse ressuscitado. No entanto, Cristo ressuscitou, e a tirania da incerteza se desfez para dar lugar a uma vida nova, agora iluminada pela esperança e pela certeza de que a morte não é o fim, mas nos fará habitantes de uma morada definitiva: o céu que nos é franqueado.

Esse eixo maior da nossa fé e força que nos impulsiona em nosso peregrinar terreno conta com um tempo de destaque celebrativo, mas é presença no quotidiano de nossa existência. Cada momento da vida cristã é construído e mantido pela luz pascal. A celebração do ciclo pascal tem caráter vitalizador.

O ciclo pascal ocupa um espaço bem longo: são, aproximadamente, três meses do ano litúrgico, sendo apenas menor em quantidade do que o tempo comum ou tempo durante o ano. O início desse tempo acontece com a significativa celebração da quarta-feira de cinzas, quando cada pessoa é chamada a se converter e a acreditar no Evangelho (Bíblia, 2019, Mc 1,15). A lembrança de que somos pó e ao pó haveremos de voltar (Bíblia, 2019, Gn 3,19) dá a verdadeira tonalidade de nossa condição frágil.

Todavia, é exatamente esse nosso estado de fragilidade que se torna a razão de ser do caminho quaresmal.

2.1.1 Morte e vida na pedagogia celebrativa quaresmal

O tempo quaresmal ocupa, aproximadamente, 40 dias dedicados à preparação das solenidades pascais. O Capítulo 4 desta obra será dedicado à Quaresma. Esse tempo vai da quarta-feira de cinzas até o início do Tríduo Pascal, que começa na tarde da quinta-feira santa. No Capítulo 3 desta obra, abordaremos o tríduo pascal.

2.2 A espiritualidade da Semana Santa e sua ritualidade

Por enquanto, o que precisa estar em foco é a grandiosidade do acontecimento magno da nossa fé, a ressurreição de Jesus Cristo, cuja existência é incompatível com a presença da morte sinalizada pelo pecado, porque o "Cristo Senhor, especialmente pela Paixão, Morte e Ressurreição e gloriosa Ascensão [...] destruiu a nossa morte, restaurou a nossa vida e realizou a obra da redenção dos seres humanos" (Flores, 1994, p. 331).

A Páscoa de Cristo – isto é, a redenção trazida e realizada por Ele – é expoente máximo colocado no centro de toda a história da salvação e de toda ação litúrgica. Esse acontecimento tem início com o povo da Antiga Aliança. Mencionamos, no primeiro capítulo deste livro, a história desse povo, com suas expectativas, angústias, tristezas e decepções. A estrada percorrida e o tempo de espera pareciam não ter fim. Confinado no Egito, sem poder fazer uso do que existe de mais fundamental e lógico, que é o direito à vida de liberdade, base da existência humana, esse povo ansiava por sua libertação.

É fato que esse povo escolhido tinha, como todos os povos, a vocação para a liberdade e a necessidade de se abrir à revelação de Deus. Portanto, no ciclo pascal, está presente uma história milenar cuja origem já se encontra na promessa do Salvador (Bíblia, 2019, Gn 3,5) e se concretiza na "Páscoa de Cristo, isto é, a realidade da redenção realizada por Cristo, coloca-se no centro da história da salvação e no centro da liturgia" (Flores, 1994, p. 331).

Jesus Cristo, verdadeiro homem e herdeiro de uma história como qualquer pessoa, embora também verdadeiro Deus, assumiu essa herança para oferecê-la ao Pai na doação da cruz, morte, ressurreição e ascensão. Essa oferta da própria vida foi feita por Jesus exatamente na realidade da maior festa comemorativa da libertação de um povo que, em seu êxodo, experimentou uma terrível cultura da morte, porque, no centro do exílio, estavam a ausência de liberdade, a incerteza do grito vitorioso, o cansaço dos trabalhos e a saudade da terra natal.

Na realização da ceia comemorativa da Páscoa, ou seja, da passagem da vida escrava do Egito para assumir a terra prometida, Jesus fez também essa memória, trouxe a grande novidade de sua eterna presença no pão e no vinho, hoje eucaristia, e despediu-se para colocar não só seu povo pátrio, mas todo o povo – agora, na realidade de uma Nova Aliança. Se, na primeira Aliança, estava prometida uma terra livre, mas ainda com as marcas registradas da dor, do pecado e da morte na deselegância da desesperança, na Páscoa de Cristo entrou, para ficar, uma nova e eterna Aliança, conquistada por sua total doação ao Pai! "Não se faça, todavia, a minha vontade, mas sim a tua" (Bíblia, 2006, Lc 22,42); "Pai, nas tuas mãos entrego o meu espírito" (Bíblia, 2006, Lc 23,46). A Páscoa de Jesus inaugurou novos tempos conquistados na Kénosis, total doação do Senhor Jesus Cristo.

A Páscoa judaica é toda uma longa trajetória narrada pelo livro do Êxodo, ao passo que a nossa Páscoa expressa-se mediante uma nova ritualidade, em que Cristo é a verdadeira Páscoa da nova lei inaugurada e selada com seu próprio sangue. O ciclo pascal, com toda a sua riqueza ritual, apresenta-se e realiza-se de maneira profundamente vital e vitalizante. A morte redentora de Jesus restaurou e instaurou uma novidade pascal, que não é apenas comemoração de uma história acontecida na transitoriedade sequencial de séculos, pessoas e fatos. É bem verdade que a presença do dia de hoje sinaliza a passagem do ontem que não mais existe. Celebrar a Páscoa, hoje, é aproximar-se e trazer presente o passado e os lugares distantes para nosso convívio e a companhia do Senhor que caminha conosco, por ser Ele o eterno Emanuel. Tudo é nEle centralizado e tudo é por Cristo, com Cristo e em Cristo. Odo Casel (citado por Flores, 2006, p. 33) afirma que estamos sempre com Ele, "através da Liturgia somos contemporâneos de Cristo".

> A Páscoa judaica é toda uma longa trajetória narrada pelo livro do Êxodo, ao passo que a nossa Páscoa expressa-se mediante uma nova ritualidade, em que Cristo é a verdadeira Páscoa da nova lei inaugurada e selada com seu próprio sangue.

Quando celebramos o ciclo pascal e a Páscoa, como um todo, acontece a atualização da redenção, realizada na Páscoa de Jesus, e a liturgia atualiza a Páscoa na mística e na centralidade do mistério celebrado.

A importância da liturgia como um todo – sacramentos, sacramentais e *Liturgia das Horas* – consiste em trazer presentes, para o hoje de nossa história, a salvação realizada em Cristo e por Cristo. A Páscoa é um real acontecimento que se evidencia e se expressa, na liturgia, por meio de sinais reais e eficazes.

A abordagem feita até aqui poderá ajudar na compreensão da definição de *liturgia*: a celebração, mediante gestos e sinais significativos do Mistério Pascal de Cristo. De fato, toda ação litúrgica é a Páscoa continuada de Jesus, porque, na pessoa de Jesus e em todas as pessoas com Jesus, é sempre uma Páscoa continuada. Não se trata de colocar em evidência uma ação puramente celebrativa, mas a própria história da salvação é contemplada e oferecida ao Pai. É por isso que as celebrações se repetem; porém, o mistério, não. A presença santificadora do Espírito Santo, pedagogo da fé do povo de Deus, atualiza o único mistério.

No itinerário de Cristo, essa realidade explicita-se e realiza-se na sua perfeita comunhão com o Pai, magistralmente falada e ensinada, durante a vida pública de Jesus: "saí do Pai e vim ao mundo. Agora deixo o mundo e volto para junto ao Pai" (Bíblia, 2006, Jo 16,28). Concentra-se, em Jesus Cristo, toda a história da humanidade e Ele, por sua total doação, ofereceu-se ao Pai, mediante o sacrifício da cruz, morte, ressurreição e ascensão ao céu. Antes de Jesus, a Páscoa era a comemoração de um acontecimento histórico que trazia elementos significativos, pedagógicos e rituais que ajudaram – e ajudam – na compreensão da Páscoa, fato sacrifical consumado em Jesus Cristo. Esses elementos significativos encontram-se na instituição da Páscoa dos judeus. A riqueza da descrição do livro do Êxodo (Bíblia, 2019, Ex 12-16) faculta-nos andar por um caminho muito seguro e substancioso para a assimilação da Páscoa de Jesus e da Páscoa do novo povo de Deus na celebração da Páscoa semanal, a eucaristia.

Na instituição da Páscoa judaica estavam presentes a assembleia, o cordeiro e o pão sem fermento. É forte, também, a utilização do sangue do cordeiro como elemento de proteção. Afinal, o povo da Aliança Antiga precisava partir na busca de libertação. Páscoa é movimento, é avançar, é ir avante, é alimento, proteção e caminhada juntos que não podem faltar.

O cordeiro imolado para a Páscoa judaica não só oferecia carne como alimento, mas também o sangue que assinalava e sinalizava a proteção da casa. A força do mal jamais ultrapassaria a presença do bem. O pão ázimo trazia, em sua essência, o vigor para quem precisa caminhar. Também a segura companhia de Moisés não deixava dúvida do possível caminhar com segurança. A estrada poderia e deveria ser longa, exigia desafios e, mesmo que chegassem o cansaço e o desânimo, a viagem não podia ser interrompida. Essa viagem, durante muitos anos, era aguardada. A páscoa/passagem está aí.

Em cena, no relato do Êxodo, Capítulo 12, o animal não podia ter defeito e precisava ser totalmente consumido; nada podia sobrar. E, caso sobrasse algo, isso era queimado no fogo. As casas necessitavam ser marcadas com o sangue do cordeiro. O sangue era a sinalização libertadora de vida continuada. A presença no Egito sinalizava a escravidão e a morte da liberdade, que é a base para avançar, ir adiante e passar de um ponto a outro. Sair do Egito era partir em busca daquilo que é fundamental e básico para procurar a vitória: a liberdade.

O acontecimento ditado pela libertação da escravidão será comemorado como instituição perpétua: "Conservareis a memória daquele dia, celebrando-o com uma festa em honrado Senhor: fareis isso de geração em geração, pois é uma instituição perpétua" (Bíblia, 2019, Ex 12,14).

Percorrendo a narrativa do livro sagrado, encontramos a determinação da realização de uma assembleia: "no primeiro dia, assim como no sétimo, tereis uma santa assembleia" (Bíblia, 2019, Ex 12,16).

Podemos ver, nessa narrativa, a sinalização do primeiro ou oitavo dia? Verificamos, também, a presença da noite no relato da celebração pascal, "numa coluna de fogo para alumiá-los" (Bíblia, 2019, Ex 13,21). O que pode nos dizer, no contexto pascal, o fato de uma vigília? Certamente, daremos a esse fato maior enfoque a seguir, pela sua enorme importância.

Os acontecimentos são realizados não tanto como cumprimentos puramente preceituais humanos, mas porque é a "Páscoa do Senhor". O Senhor estava presente e guiava o povo no êxodo por intermédio de Moisés, principalmente, e de Aarão.

E, assim, ao sair do Egito, despontou, ainda que longe, a esperança da chegada à terra prometida. A libertação se avizinhava. A escravidão não existiria mais. Sião e Jerusalém estavam muito presentes no coração do povo do exílio, como consta retratado no Salmo 136: "às margens dos rios de Babilônia nos sentávamos chorando lembrando-nos de Sião [...] se eu me esquecer de ti, ó Jerusalém, que minha mão direita se paralise" (Bíblia, 2019, Sl 136,1.5). Jerusalém é o lugar de respirar a liberdade. Chegar a Jerusalém é dar início a uma nova vida, na qual nascem novas esperanças. É o local da vitória onde a luz começaria a brilhar, depois de tantos anos na escuridão da escravidão do Egito. A liberdade é brilho; a escravidão é treva.

O caminho em busca da vitória, que pode ser chamado de *caminho pascal*, embora ainda somente no plano da esperança para o povo que deixara o Egito e tomava a estrada de volta à terra de origem, começou com vários elementos significativos, conforme abordamos até aqui, como o cordeiro que servia para o alimento e o sangue que trazia segurança, pão, vigília, tempo, coluna de fogo e, é claro, o próprio momento da partida, tendo Moisés como grande protagonista e referência do transcurso do Egito à terra prometida. Contudo, há outro elemento determinativo e central em toda essa grande trama. Primeiro, a falta de água para banhar-se e para matar a sede. No caminho, não houve água limpa, tampouco comida. Já citamos a água como fator determinante da caminhada, que foi a Salvação.

Quando pensamos em Páscoa, pensamos em vida, em liberdade e em força, que, às vezes, exigem mudança de direção. Foi exatamente o que aconteceu. O caminho por onde o povo andava não era seguro, tendo sido necessário tomar outra direção (Bíblia, 2019, Ex 14,1-4). Às vezes, não é fácil tomar outra direção; contudo, a vida pode trazer surpresas que exijam seguir por outro caminho.

E, finalmente, na passagem de volta à terra prometida, existe a presença do elemento água, determinante para que o sonho da vitória pudesse continuar, com a presença das águas do Mar Vermelho. Ali foi derrotado e sepultado o inimigo, enquanto a vida renascia para Moisés e seu povo. A muralha de água formada para a passagem dos israelitas (Bíblia, 2019, Ex 14,22) é garantia da força divina e certeza de vitória. A água que lava e mata a sede é a mesma que destrói a morte e confere vida. Foi pela água que os israelitas puderam prosseguir na caminhada. No Mar Vermelho, a vida do povo foi preservada e, ao mesmo tempo, o inimigo foi destruído.

> Às vezes, não é fácil tomar outra direção; contudo, a vida pode trazer surpresas que exijam seguir por outro caminho.

Passa o tempo e esse mesmo povo quer mais: quer um rei que lhe garanta liberdade total, porque, se de um lado, o poder já não é do Egito, é preciso inaugurar um poder próprio. Certamente, a expectativa da chegada do Messias, anunciada pelos profetas e tão aguardada por tantas gerações, aumentava muito, e a pergunta seria inevitável: "Esse rei será o Messias esperado? E sua chegada preencherá nossas expectativas?"

E, "quando veio a plenitude dos tempos, Deus enviou seu Filho, que nasceu de uma mulher e nasceu submetido a uma lei, a fim de remir os que estavam sob a lei, para que recebêssemos a sua adoção" (Bíblia,

2019, Gl 4,4-5), começando um novo caminho pascal. Era preciso que assim fosse. Nossa transitoriedade vive na suavidade da esperança, porque caminhamos para a eternidade. Só o que é transitório não preenche nossa necessidade do transcendente, imortal, eterno e definitivo.

Nesse sentido, que tentaremos traçar um paralelo, utilizando os vários elementos do caminho de libertação do povo de Israel – ou caminho pascal –, entre a pessoa e a missão de Jesus, que veio para realizar uma páscoa nova e diferente. Sutilmente, Jesus entrou na história – não de um povo determinado, mas de toda a humanidade. Ele não veio para ser só rei de Israel e, por isso, não nasceu em Jerusalém, muito menos, na elegância de um palácio real, e disse não ser o reino dEle construído aqui (Bíblia, 2019, Jo 18,36).

Durante a vida pública de Jesus, alguns elementos estiveram presentes, a exemplo da Páscoa e do trajeto do povo na Antiga Aliança, como a água e o pão, embora de maneira diversa. Com os israelitas, a água ora faltava, ora estava suja, ora servia para libertação da perseguição inimiga. Jesus entrou na água para ser batizado, apresentou-se como fonte de água viva, acalmou a água de ondas fortes, usou a água para lavar os pés dos apóstolos e, por fim, na cruz, quis beber água, mas ela não lhe foi franqueada.

Quanto ao pão, como também no deserto, o povo estava faminto e Jesus realizou a multiplicação de pães. No deserto, o maná era apenas alimento; na multiplicação dos pães, estava a presença sinalizante da eucaristia. É um pão do presente que anuncia Jesus feito pão, futuramente nas espécies eucarísticas. Em Jesus, a água é acalmada; em Moisés, pela autoridade divina, a água enfureceu-se para destruir o inimigo. Ainda a respeito do pão, Jesus mesmo apresentou-se como pão vivo que desceu do céu e aquele que dele comesse não morreria jamais, diferentemente do maná do deserto, o qual não garantia a vida eterna para quem dele comesse (Bíblia, 2019, Jo 6,58).

Jesus, na comemoração da festa anual da Páscoa, apresentou-se não tanto em razão de um memorial, uma lembrança do passado, mas para realizar, Ele mesmo, a Páscoa definitiva. Na Páscoa de Jesus não haveria um cordeiro para ser imolado. Jesus foi o próprio cordeiro que se ofereceu para ser entregue. Na gratuidade de sua oferta, como o verdadeiro sacerdote da Nova Aliança, Ele tornou-se a ponte ligadora da terra com o céu, por onde poderão passar todos os que aderirem à sua doação, sua oferta de vida e, com Ele, fizerem uma parceria.

O sangue de Jesus, diferentemente do sangue do cordeiro, não é para ser colocado nas casas para servir de elemento que afugenta o inimigo; o sangue de Jesus derramado na cruz não é apenas franqueado para toda a humanidade, para a destruição do pecado e da morte, mas também é selo da nova e eterna aliança. Por isso, com a ascensão de Jesus ao céu, estava estabelecido, definitivamente, o caminho – não a terra prometida somente, mas a eterna Jerusalém já conquistada na Páscoa de Jesus, vencedor da morte e do pecado. Na morte de Jesus estava presente a nossa morte pelo pecado para, na sua ressurreição, despontar a certeza de vida eterna, pois Jesus, a vítima, destruiu a morte e tornou-se o vencedor. "Ó morte, eu serei a tua morte! Ó inferno, eu serei tua ruína" (Liturgia das Horas, 1995b, p. 453).

Quando Jesus ressuscitou e, depois de 40 dias, subiu ao céu, estava estabelecida nossa ligação com o Pai. Na vitória de Jesus, estava também nossa vitória, porque "estando perfeitamente com Deus, Ele está perfeitamente com o homem e vice-versa. A fronteira humana de Deus e a fronteira divina do homem aparecem de modo maravilhoso na pessoa de Cristo tornando possível o encontro radical" (Borobio, 1990, p. 299-300).

É muito profunda e, pedagogicamente, expressiva a celebração da eucaristia dominical, a caminhada do povo de Deus, sua libertação e a Páscoa de Jesus. No hoje da nossa história, trazemos presente, na eucaristia, nos outros sacramentos – em particular no batismo –, a própria história do povo de Deus.

Os elementos usados pelo povo da Antiga Aliança e por Jesus Cristo são os mesmos, mas com realidades e conotações sublimes e celestiais. Vejamos: no nosso batismo, a água chega e destrói a escravidão herdada desde a nossa concepção. Essa escravidão é chamada de *pecado de origem* ou *original*. A água batismal nos coloca no patamar de novas criaturas, porque começamos a participar da filiação divina. Não somos estrangeiros, mas verdadeiros filhos, irmãos de Jesus Cristo, herdeiros do céu, membros do povo resgatado pelo Mistério Pascal de Cristo, itinerantes da eternidade, porque, na água batismal, morremos para o pecado e passamos a viver para Deus, "Ou ignorais que todos os que fomos batizados em Jesus Cristo, fomos batizados na sua morte? Fomos, pois, sepultados com Ele, na sua morte pelo Batismo para que, como Cristo ressurgiu dos mortos pela glória do Pai, assim nós também vivamos uma vida nova" (Bíblia, 2019, Rm 6,3-4).

Somos aqui chamados a estar aos pés da cruz, contemplando o momento, quando o soldado abriu um lado de Jesus com uma lança, saindo sangue e água (Bíblia, 2019, Jo 19,34). À luz da Palavra de Deus trazida nos livros de Romanos (Bíblia, 2019, Rm 6,3-4) e de João (Bíblia, 2019, Jo 19,34), sem fantasias nem deduções forçadas, chegaremos facilmente à conclusão de que, enquanto Jesus morria, nosso homem velho, vivido na deselegância do pecado, também morria, e começávamos a caminhar, agora, novas criaturas, para ser sepultados com Jesus – não para ficar no sepulcro, mas para ressuscitar com Cristo.

Certamente, nessa nossa profunda identificação com Cristo, cabeça do corpo místico do qual somos membros, em nosso batismo, deve ter acontecido o mesmo fenômeno celestial que aconteceu com Jesus nas águas do Rio Jordão: "e o Espírito Santo desceu sobre Ele em forma corpórea, como uma pomba; e veio do céu uma voz: Tu és o meu Filho bem amado, em ti ponho a minha afeição" (Bíblia, 2019, Lc 3,22).

A exemplo dos israelitas, povo da Antiga Aliança, que tinha uma coluna de fogo para alumiá-lo, na celebração do batismo, permanece acesa a coluna com a chama do círio pascal. A chama fumegante é a sinalização da fé em Cristo, luz do mundo. Em Cristo, somos iluminados para poder iluminar, como o próprio Senhor nos mandou que sejamos luz do mundo. Os cravos e a figura do cordeiro podem indicar que Jesus, cordeiro sem mancha, manso e humilde, doa-se em um profundo gesto de gratuidade, para que pudéssemos ser caminhantes do infinito – não em direção a uma terra somente prometida, mas adquirida por um preço que custou o sacrifício da cruz pela morte redentora de Jesus. Ainda naquela coluna está assinalado o ano em curso, em uma comunicação muito clara de que Jesus, pela sua Páscoa, continua vivo e ressuscitado, sendo nosso parceiro de caminhada, conduzindo-nos em nosso hodierno peregrinar; afinal, Ele é Princípio e Fim, Alfa e Ômega, Ontem e Hoje, o Tempo e a Eternidade, a Glória e o Poder, pelos séculos sem fim, conforme presenciamos na vigília pascal. E, quando a coluna é acesa, ouvimos ressoar as palavras: "A luz de Cristo que ressuscita resplandecente dissipe as trevas de nosso coração e nossa mente", conforme consta no *Missal Romano* (Sagrada..., 1992, p. 272).

2.3 Ecos do ciclo pascal na vida cotidiana

A eucaristia dominical, celebração semanal da Páscoa dos Cristãos, é o memorial permanente do Mistério Pascal de Jesus: traz, reúne, proclama a Palavra, chama à conversão, invoca as maravilhas de nossa salvação, alimenta e envia o novo povo de Deus para a morada já preparada, o céu. Foi "pela entrega de Cristo na cruz que sua carne e seu sangue estão disponíveis como alimento para os seus" (Borobio, 1993, p. 199). Só que esse alimento sagrado, Corpo e Sangue, deve aumentar nossa fome e sede de santidade, de amor maior e de muita "saudade" do céu. Devem deixar nosso coração inquieto até descansarmos eternamente junto do vivo coração do Senhor.

> Quando celebra-se a solenidade de Pentecostes, o ciclo pascal chega ao fim. Pentecostes nos traz enorme comprometimento. A Terceira Pessoa da Trindade materializa-se em nós, Igreja peregrina. A missão de trazer o ontem para o hoje, no memorial celebrativo, para que o Verbo continue encarnando-se em nossas atitudes e a luz do ressuscitado permaneça acesa em nossas virtudes na busca do amanhã que há de vir, é missão que se busca incansavelmente.

O ciclo termina, mas não termina a Páscoa, a qual em tudo movimenta nosso descansado coração ou traz paz e elegância para esse mesmo coração, por vezes agitado. Então é bom perguntarmos sempre: e a Páscoa?

A Páscoa está aí revigorando nossas forças, iluminando nosso peregrinar e lembrando que somos passageiros da terra para o céu, caminhantes do Reino e inquilinos de moradas terrenas, já tendo aqui o endereço certo da glória futura.

A Páscoa é a saída para uma vida nova, com toda a pujança de Jesus ressuscitado. Nossa vida triunfa e nos impulsiona para fora de recalques, azedumes, raivas, murmurações, preconceitos, preguiças, vaidades, prepotências, desamores e tantas misérias tristes do passado. É hora do adeus ao pessimismo e aos tumultos interiores, que são receitas negativas, portadores de sérias complicações em todas as vertentes de nosso caminhar terreno.

A Páscoa é a ausência da cultura da morte e a presença da perpetuação da vida em nosso coração e, a exemplo do túmulo vazio, transmite sinais vitais de alegria, coragem, otimismo, esperança, bem como de lutas. Afinal, a presença do túmulo vazio era a certeza de que o corpo sem vida do Senhor não estava ali. O coração humano, fechado e abastecido de misérias, jamais comunica vida; a morte, dessa forma, haveria de continuar no pódio. A Páscoa, hoje, deve ser entendida por meio de forte sinalização ritual, com a derrota da soberania da morte do pecado e a proclamação da vida da graça com Deus e com os irmãos.

A Páscoa é vida constante em que se dispensa o muito falar e proclama o reinado da ação com um testemunho diário de novos cristãos, novas pessoas, nova Igreja, novos hábitos, nova mentalidade, deixando emergir a obrigação que todos temos de sermos discípulos e missionários em busca da missão continental, exigência do Cristo ressuscitado. Se assim não acontecer, não é Páscoa/passagem, mas apenas representação de atos festivos de passadas e saudosas lembranças de séculos antigos e proclamação memorial de fatos longínquos.

É preciso que corramos e anunciemos, principalmente, que a grande novidade da Páscoa está em sermos novos e corajosos portadores da destruição da barreira do mal, merecida pela paixão, morte e ressurreição de Jesus Cristo na suavidade do Mistério Pascal. A certeza de que a vítima é a grande vencedora nos leva a um perene "aleluia", que deve brotar de nossos festivos corações.

Síntese

A celebração anual da Quaresma e da Páscoa, os dois tempos formadores do ciclo pascal, acontecem recordando a centralidade e a base de nossa fé. Não haveria sentido celebrar qualquer outro acontecimento dissociado do fato da Páscoa de Jesus, mesmo porque toda celebração acontece em razão da Páscoa. Como um espiral, tudo gira em torno do

Mistério Pascal, essência de todas as ações celebrativas que acontecem durante o ano.

É tempo de profunda renovação estrutural de nossa vida; é estrutural por atingir todas as nossas realidades humanas e espirituais, alimentando e conferindo horizontes vitais para a realização de nossos projetos e desafios. Nossas forças são renovadas e nossas esperanças reavivadas pela certeza de sermos também vitoriosos na vitória de Jesus, que venceu a morte e está vivo.

Atividades de autoavaliação

1. Todo compromisso cristão apresenta sua centralidade:
   a) no trabalho de evangelização.
   b) na recepção dos Sacramentos.
   c) no estudo das verdades de fé.
   d) no Mistério Pascal.

2. O ciclo pascal abrange:
   a) todo o ano litúrgico.
   b) o tempo do Natal e da Quaresma.
   c) os tempos da Quaresma e da Páscoa.
   d) somente o tempo pascal.

3. A afirmação de que por meio da liturgia somos conterrâneos de Cristo é atriuída a:
   a) Hipólito de Roma.
   b) Odo Casel.
   c) São Justino.
   d) Alberto Beckhäuser.

4. Os ecos do ciclo pascal perpetuam-se semanalmente, principalmente:
a) na vida de oração.
b) nas orações diárias.
c) nas várias devoções.
d) na eucaristia dominical.

5. O ciclo pascal percorre o seguinte período:
a) da quarta-feira de cinzas a Pentecostes.
b) da quinta-feira santa ao domingo da Páscoa na ressurreição do Senhor.
c) do dia 1º de janeiro a 31 de dezembro.
d) da quarta-feira de cinzas à quinta-feira santa.

Atividades de aprendizagem

Questões para reflexão

1. Para refletir e comentar: "Na vitória de Jesus, vencedor da morte, estava também nossa vitória".

2. Estabeleça um paralelo entre o acontecimento da Páscoa de Jesus Cristo, a Páscoa dos judeus e o nosso cotidiano.

Atividade aplicada: prática

1. O que acontece quando celebramos o ciclo pascal e a Páscoa como um todo?

3
O tríduo pascal

Aqui acontece o centro vital de todas as celebrações da Igreja. São três dias de inestimável valor e, portanto, a espinha dorsal da vida cristã com ressonância na totalidade do nosso ser; afinal, no tríduo sagrado é celebrada a centralidade do Mistério Pascal.

O tríduo pascal inicia-se na tarde da quinta-feira santa, com a missa da instituição da eucaristia, memória permanente do Senhor que se despediu de seus apóstolos e entregou-se aos algozes para morrer pela humanidade. Na sexta-feira santa, dia de jejum e abstinência de carne para quem tem de 18 anos completos até 59 anos completos, e somente abstinência de carne para quem já tenha completado 14 anos. É dia de forte apelo para toda e qualquer superação de tudo o que venha a escravizar as pessoas, para que se concretize uma cultura de novos seres participantes da natureza divina. O grande momento desse dia é a ação litúrgica celebrada pelas 15 horas, com significativos conteúdos.

A primeira parte dessa celebração, na liturgia da Palavra, ocorre quando o profeta Isaías (Bíblia, 2019, Is 52,13-52,12) menciona a assembleia, inserida no Mistério celebrado e, principalmente, a leitura da Paixão, extraída do Evangelho de São João (Bíblia, 2019, Jo 18, 1-19,42), que proporciona a tudo acompanhar, sentir e assimilar, abre horizontes e caminhos no interior das pessoas. A oração universal é extremamente rica e abrangente: todas as pessoas e todas as intenções são contempladas em uma atitude muito materna da Igreja, na universalidade de sua missão. A adoração da cruz e a distribuição da eucaristia encerram a celebração. O silêncio no interior de cada pessoa fará muito bem à contemplação e à vivência de tudo que acabou de ser celebrado.

A solene vigília pascal, celebrada à noite do sábado santo, é o cume desse tríduo. Composta de quatro partes, a vigília tem seu início com a celebração da luz e todos os elementos que a seguem, como a presença do círio e a proclamação da Páscoa. A segunda parte acontece na riqueza da atuação divina mostrada pelas leituras bíblicas; a liturgia batismal e a liturgia eucarística são presenças magníficas dessa noite da celebração da vitória.

3.1 Em busca de uma introdução

Depois do longo percurso percorrido até aqui, iniciado pela profunda teologia, espiritualidade e vida contidas no domingo, bem como os aspectos e a relação que esse dia tem, sobretudo, com a eucaristia, chegamos ao tríduo pascal, realçando a identidade e a ligação da Páscoa judaica, a Páscoa de Jesus, a nossa Páscoa e a eucaristia dominical do dia do Senhor. O caminho foi longo, pois são assuntos determinativos e centrais.

Neste capítulo, encontramo-nos no estudo ápice, central e determinativo de todo o nosso peregrinar terreno. Sua importância é vital e está para nossa vida em Deus e para Deus, como o coração está para a vida biológica. O coração bate em sintonia com a paz, a alegria, a saúde e a amizade, que são o caminho de sucesso e vida longa.

Assim também é a celebração do tríduo pascal. Por meio de toda a pedagogia ritual, podemos entrar na profundidade e na centralidade da fé. Consequentemente, nossas forças espirituais renascem e desenvolvem-se, conduzindo-nos a uma saudável vida trinitária, isto é, o Pai nos recriando, o Filho nos assumindo e o Espírito Santo nos iluminando e santificando.

Se deixarmos nosso coração e nossa mente envolverem-se com o coração do mistério celebrado, nesses três dias não estaremos apostando na vitória: já seremos vitoriosos. Só existem celebrações litúrgicas porque existe a celebração do tríduo pascal, pois a fé é a presença mantenedora da vida cristã e, se Cristo não tivesse ressuscitado, essa fé não teria sentido, seria vã, desprezível.

A tarefa será bem mais fácil se não medirmos esforços na compreensão da rica pedagogia ritual que as celebrações propiciam, estabelecendo uma conexão luminosa e indispensável em todo o trajeto do tríduo pascal.

3.2 Alicerces bíblicos na tradição e na história

No Capítulo 2, percorremos o caminho à luz do livro do Êxodo, com a abordagem do percurso do povo da Antiga Aliança, da Páscoa de Jesus e da celebração da eucaristia dominical. Procuraremos caminhar daqui para frente com foco na tradição e na história.

É do século IV a expressão *tríduo sacro*, termo usado por Santo Ambrósio de Milão. Santo Agostinho, por sua vez, recorreu à expressão *sacratíssimo tríduo*, centro e síntese da celebração da paixão, morte e ressurreição de Cristo – não deve ser entendido como preparação para a festa da Páscoa, mas como o próprio Mistério Pascal, celebrado em três dias. Nesse sentido, desde o século II, o conteúdo litúrgico e teológico da Páscoa já é entendido e comemorado, porque "nela a comunidade recorda e revive o evento salvífico [...] e o revive em clima de expectativa [...] de tensão escatológica" (Bergamini, 1994, p. 353). A citada *tensão escatológica* pode ser entendida como a segura expectativa da Páscoa definitiva, quando, na segunda vinda do Senhor, haveremos de celebrar, na felicidade plena, a vida que não terá fim.

Essa expectativa ultrapassa nossa realidade terrena por ser ultraterrena. De fato, essa celebração traz elementos que, celebrados e vividos na máxima novidade da Páscoa de Jesus, nos colocarão na intimidade triunfal do Senhor, vencedor da morte, que jorrou para nós a vida da graça.

Relembrando nossa exposição sobre o domingo, a celebração da Páscoa era um acontecimento semanal em torno da eucaristia. A evolução da celebração da Páscoa anual centralizava-se no batismo dos catecúmenos e os já batizados renovavam sua aliança batismal (Beckhäuser, 1989a, p. 206). O que havia, na prática, era a vigília, para que nela estivessem presentes também os membros já redimidos, ou para se redimirem em razão da morte e da ressurreição de Cristo.

Contudo, a prática celebrativa na concentração de tudo era realizada somente em uma grande vigília e foi cedendo espaço para a presença de outros momentos, começando na sexta-feira, com a última ceia e a traição de Jesus, quando "a Igreja celebra a Paixão e morte do Senhor; no sábado, a sepultura, e, na grande vigília da Páscoa, a sua ressurreição" (Beckhäuser, 1989a, p. 207). Essa forma de celebrar os grandes acontecimentos da fé cristã foi, mais tarde, bem deturpado pelo aparecimento de elementos ligados a criações pouco felizes. A ritualidade foi cedendo espaço a encenações e pequenos costumes arraigados em aspectos externos.

Conforme um antigo documento sírio do século II, a *Didascália dos Apóstolos*, era prescrito um rigoroso jejum para a sexta e o sábado: "Na Sexta-feira começa o jejum até a noite entre o sábado e domingo" (Nocent et al, 1989, p. 33).

Já dissemos que o fato da celebração estava no enfoque apenas da vigília do sábado santo, tendo em vista, principalmente, o batismo dos catecúmenos. Nesse contexto, temos a descrição de Hipólito de Roma, que diz: "passarão a noite toda em vigília [...] Ao canto do galo, se rezará primeiro sobre a Água [...] em primeiro lugar serão batizadas as crianças [...] no momento fixado para o Batismo, o bispo dará graças sobre o óleo [...] O sacerdote, dirigindo-se a cada batizando, lhe ordenará que renuncie" (Nocent et al, 2009, p. 33-36). Tertuliano chega a afirmar que o domingo de Páscoa é exclusivo para o batismo.

A celebração da vigília acontecia na cadência de três momentos: na leitura da Palavra, nos ritos do batismo e nos ritos da eucaristia. É importante notar a forte presença da Palavra, bem como da água para o sacramento do batismo. Para essa afirmação, merece ser mencionada a presença de Jesus nas águas do Jordão: "naqueles dias Jesus veio de Nazaré da Galileia e foi batizado por João, no rio Jordão. Logo que saiu da água, viu o céu rasgar-se e o Espírito, como pomba, descer sobre Ele" (Bíblia, 2019, Mc 1,9-10). Justino, em sua chamada *Primeira Apologia*, escreve que a eucaristia era imediatamente colocada após os sacramentos de iniciação.

A riqueza e a evolução da celebração da Páscoa anual nos primeiros séculos estão muito bem escritas em *Anámnesis 5* (Augé et al., 1991, p. 99-106). Ainda nesta nossa exposição, voltaremos à ritualidade de todo o tríduo pascal, sua praticidade e sua espiritualidade sem nos esquecermos da presença da teologia subjacente. A verdade é que, até o século V, principalmente, aconteceram várias modalidades celebrativas, nem sempre contemplando bem o real sentido ontológico, isto é, do profundo ser, do magistral acontecimento da Páscoa de Jesus. O sentido verdadeiro do tríduo pascal esvaziou-se muito com os aparecimentos de elementos desprovidos da sã teologia e sem profundidade espiritual. Com isso, a rica presença daquilo que é sagrado foi dando lugar a encenações, talvez com riquezas artísticas e devocionais, mas pobres do autêntico sentido do Mistério Pascal.

Diante do exposto, não queremos tirar os valores contidos nas manifestações externas, mas mostrar que a soberania do tríduo pascal excede todo e qualquer comportamento celebrativo, por ser o centro vital não só das celebrações litúrgicas, mas, principalmente, de nossa própria vida.

O itinerário celebrativo do tríduo pascal foi longo, e o empreendimento centrado em um notável esforço foi realizado. Talvez a experiência de tantos anos tenha proporcionado a qualidade das futuras celebrações. Nem tudo o que parece ser o ideal pode ser alcançado. A maior dificuldade é permanecer em um maduro equilíbrio para voltarmos ao passado sem ser saudosistas e arqueológicos, mas buscando tudo o que exprime uma clara teologia com luzes pastorais evidentes.

Quando, no passado, a celebração do sábado santo fora antecipada para a parte da manhã, houve um deslocamento da celebração, começando o tríduo na quinta, passando pela sexta e terminando no sábado, ficando o domingo com a celebração de uma missa. Se essa prática continuasse, a teologia ficaria comprometida. Afinal, não foi no primeiro dia a ressurreição do Senhor? Retirar do domingo seu significado de festa maior seria também retirar a história de foco, e a espiritualidade poderia ficar fragilizada. Era preciso que houvesse muita atenção ao dado teológico de que o acontecimento pascal centra-se no plano e no desígnio da salvação concretizado pelo Pai, na humanidade de Jesus Cristo. A relação que existe entre toda a descrição bíblica do livro do Êxodo e tudo o que Jesus realizou não poderia ser deixada de lado. Jesus Cristo assumiu toda a história com suas dores, sofrimentos, pecados e morte, para realizar sua Páscoa definitiva em sua total doação ao Pai. Essa doação, de valor infinito, foi realizada na cronologia de nosso tempo: por exemplo, a imolação do cordeiro da páscoa judaica "feita no fim da tarde", e a morte de Jesus, que é também no final da tarde.

É muito significativa a descrição luminosa realizada pelo magistério da Igreja, a respeito da história humana, e a doação de Jesus Cristo: "Esta obra da Redenção humana e da perfeita glorificação de Deus, da qual foram prelúdio as maravilhas divinas operadas no povo do Antigo Testamento, completou-a Cristo Senhor principalmente pelo mistério pascal de sua Sagrada Paixão, Ressurreição dos mortos e gloriosa Ascensão" (SC, 1963, n. 5).

É por isso que a liturgia aparece trazendo, em sua pedagogia, todo o sentido histórico e profundo da celebração do mistério de Cristo, garantindo, assim, unicidade e totalidade. Os tempos mudam, os acontecimentos se diversificam; porém, a santidade do culto celebrado não muda. É sempre o Mistério Pascal que é central e centralizante. A verdade é que foram muitos séculos de certas oscilações celebrativas do tríduo pascal, algumas desprovidas de conteúdos programáticos teológicos, como, a retirada da comunhão eucarística da sexta-feira santa, para que não se quebrasse o jejum, ou a missa da quinta-feira santa sem leituras bíblicas e outros tantos elementos que foram sendo alterados e até suprimidos, certamente, por carência de fundamentos espirituais e teológicos sólidos. É necessário ter em mente que, no decorrer dos séculos, a liturgia era normatizada por princípios de caráter legislativo, tendo nas rubricas sua busca de segurança, e nas expressões externas, uma fonte muito forte de sinalização do Sagrado. Uma ação litúrgica desprovida de conhecimento da teologia e da espiritualidade tende a permanecer enormemente envolvida em bases sentimentais e pouco confiáveis para chegarmos ao Mistério Pascal, fim aonde queremos chegar.

A consciência de que a liturgia era e é a ação de Cristo, na Igreja, dirigida ao Pai pelo poder santificador do Espírito Santo, foi uma conquista de muitos anos.

Não podemos perder de vista as enormes contribuições no pontificado de vários papas. Entre estes, citamos Clemente VIII, Urbano VIII, Pio X, Bento XV, o grande Pio XII – autor das grandes encíclicas *Mediator Dei* (1947) e *Mystici Corporis* (1943) – e João XXIII, autor da convocação do *Concílio Ecumênico Segundo*.

Ainda é muito atual o chamado *Movimento Litúrgico*, o qual recebeu do Papa Pio XII o seguinte elogio: "apareceu como sinal das disposições providenciais de Deus a respeito do tempo presente, como passagem" (Dicionário..., 1992, p. 787). Essas palavras do Papa aconteceram, em 22 de novembro de 1956, no Primeiro Congresso Internacional de Liturgia.

Podemos afirmar que o Movimento Litúrgico, embora tivesse a data de 23 de setembro de 1909 marcando seu início concreto, percorreu um longo percurso de estudos, reflexões, tudo muito bem fundamentado na teologia e na espiritualidade, sem, é claro, faltarem os sinais divinos na história.

Quanto à participação indispensável da figura e da ação de vários pontífices, é preciso fazer justiça a vários luminares. Suas participações foram marcos fundamentais para que a liturgia como um todo saísse, talvez, de uma compreensão altamente bela, mas desencarnada de seu verdadeiro objetivo, que é a centralidade da pessoa humano-divina de Jesus, trazendo, em seu bojo, a história da humanidade para conduzi-la por Cristo, com Cristo e em Cristo, tornando-a história da Salvação, santificada pelo Espírito Santo e oferecida ao Pai, que recebe, pelas ações da Igreja, toda honra e toda glória, agora e para sempre.

O estudo sobre o tríduo pascal não é isolado, mas central. Dessa maneira podemos explicar nosso trabalho e nossa intenção neste percurso histórico que pretendemos fazer até Pio XII, a *Sacrosanctum Concilium*, ou Sagrado Concílio, e em nossos dias.

> As celebrações litúrgicas são a execução da sonoridade da Trindade Santa, sendo os arranjos com a métrica e a letra poética, espiritual e santificadora uma obra do Espírito Santo, com a execução do magistério da Igreja, corpo místico de Cristo.

Nessa pedagogia, situaram-se e ainda se situam o estudo, a reflexão e a pastoral da liturgia. A liturgia celebrada na terra encarna-se e desenvolve-se na pedagogia dos tempos, sendo a Igreja, mãe e mestra, a grande pedagoga que vai encaminhando e colocando em prática essa ação que precisa, necessariamente, repercutir no céu. Não é, portanto, uma ação isolada. Para cada tempo, a mestra Igreja pode escrever, sem sair da essência, acidentes que possam responder, com maior precisão, à situação de cada tempo que, na liturgia, torna-se tempo favorável, fazendo eco de eternidade no tempo passageiro de nossa história.

Entendemos, portanto, que a liturgia jamais poderia alienar-se da ciência, da geografia, da filosofia, da teologia, da música, da arte, dos acontecimentos, das pessoas especialistas e de tantos outros elementos para a produção da Santa Partitura, que, executada na terrena Jerusalém, entra uníssono com a celeste Jerusalém.

Essas observações nos propiciarão entender melhor a importância de tantas pessoas que não se cansaram de trazer suas colaborações até o Movimento Litúrgico e, sobretudo, a partir desse movimento, que já sugere algo positivo em sua própria identificação, como encontramos na própria etimologia da palavra *liturgia*: ação, movimento. Na definição do grego clássico de liturgia, aparece -*urgia*, ação, diferente de -*logia*, tirada da palavra *teologia*, que é estudo, reflexão. Mas a -*urgia* não pode se desvencilhar da -*logia*.

O Movimento Litúrgico, chamado fenômeno de nossos tempos, entrando em cena nos séculos XIX e XX, traz uma herança milenar desde o Papa Gregório Magno (540-604), que tanto contribuiu com as celebrações nas transformações da liturgia clássica romana, com repercussão também na França e na Alemanha, elaborando um sacramentário portador de seu próprio nome e constituindo as bases e os núcleos fundamentais do *Missal Romano*, além da contribuição para o canto sacro.

Alguns acontecimentos repercutiram no desenvolvimento – ou desvio – da linha de pensamento, afetando também o campo da religião, da moral e da teologia. Entre esses acontecimentos, citamos a época do Iluminismo, com suas reflexões filosóficas de repercussões universais antimetafísicas e anticristãs, com as participações dos pensadores ingleses Locke e Hume, da filosofia alemã até Leibniz e depois, em Wolf e em Kant. Já tivemos a oportunidade de afirmar que a liturgia, na condição de ciência, carece também da filosofia, mantenedora da vasta influência em nosso intelecto e em nossas pesquisas.

É de grande importância, antes do Movimento Litúrgico, a realização do Sínodo de Pistoia (1786), na Itália, que foi capaz de lançar raios extremamente positivos do ponto de vista da história da liturgia, no seio do Iluminismo. Desse sínodo destacamos a presença do Bispo Sailer, como figura luminosa, e seus votos, expressando desejo de reforma, quase todos, hoje, realizados: por exemplo, a participação ativa dos fiéis no sacrifício eucarístico, a comunhão com hóstias consagradas na própria missa, restrições de relíquias sobre o altar, a reforma do breviário, a presença da sagrada Escritura, a língua em vernáculo, a diminuição das inúmeras formas devocionais e tantos outros avanços concretizados depois de 177 anos com a reforma litúrgica trazida pelo Concílio Ecumênico Vaticano II (Dicionário..., 1992, p. 787-798).

As posições e forças sadias do Iluminismo, como algumas aproveitadas pelo Sínodo de Pistoia e outras que penetraram no íntimo do Bispo Savier, chegaram por exemplo, à Alemanha, com Hieischer, Nickel, e à Inglaterra, com Keable, Purey e Neuman. Na França, ressaltamos o monaquismo com a renovação monástica, tendo o mosteiro de Solesmes sob a alta figura do abade beneditino Dom Próspero Guéranger (1805-1875). Se mencionássemos a trajetória litúrgica, no século XIX, sem menção honrosa a Guéranger, estaríamos cometendo injustiça muito grande.

A partir de Solesmes, mosteiro beneditino, apareceram outros destaques, como os irmãos monges Mauro e Plácido Walter, em Beuron, na Alemanha, os quais, mesmo tendo raízes culturais diferentes, estavam profundamente marcados por Solesmes na firme luta pela busca de dar à liturgia seu lugar central na vida da Igreja. O impulso do mosteiro de Beuron repercutiu também na Bélgica, na Tchecoslováquia e na Áustria, sempre na mística e no esforço do monaquismo.

Uma leitura atenta a partir do século XVI nos posiciona em caminhos nem sempre de luzes. Correntes eclesiais, culturais e até ideológicas marcaram presenças fortes até o nascimento concreto do Movimento Litúrgico, em 1909, o qual teve, em suas origens, a influente personalidade do monge Dom Lambert Beauduin, da Bélgica. O movimento logo estendeu-se até a Alemanha, onde o solo era fecundo com a vida monástico-litúrgica da vida beneditina, encontrando figuras, entre outras, de Odo Casel e Romano Guardini.

Em toda esta nossa exposição, ainda que acanhada e resumida, é notória a presença de Deus, que faz aparecer, em momentos tão oportunos, as grandes personalidades verdadeiramente iluminadas nos caminhos nem sempre diretos e fáceis. Também os espinhos fazem parte da beleza das rosas. Sendo a liturgia da Igreja sempre uma ação do povo para Deus e a de Deus para o povo, nunca poderemos duvidar que, se da parte da humanidade os tropeços são inevitáveis, da parte de Deus jamais faltará tudo o que for necessário para acertar nossos tropeços. E, na hora certa, acontecerá uma correta intervenção. Dessa forma, podemos ver o longo caminho da Sagrada Liturgia em toda a sua estrutura, e o tríduo pascal sendo tratado como deveria ser: a espinha dorsal de todo o ano litúrgico.

Na Espanha, o Movimento Litúrgico repercutiu muito positivamente com a presença fecunda do mosteiro beneditino de Montserrat e, nas Américas, já pelas décadas de 1930 a 1940, os Estados Unidos beneficiaram-se com a presença beneditina. No Brasil, no Rio de Janeiro, o monge beneditino Dom Martinho Micheler, vindo de Beuron, formado na Alemanha e em Santo Anselmo (Roma), trabalhou com sucesso entre a classe universitária, formando grandes personagens como Dom Estevão Bittencourt, para a Sagrada Escritura, e o grande liturgista Dom Clemente José Carlos Isnard, presença determinante no Concílio Vaticano II, membro da primeira comissão *Consílium*, criada pelo Papa Paulo VI para os estudos preliminares da Constituição

Conciliar *Sacrosanctum Concilium*. Aqui no Brasil, foi Dom Clemente o bispo referencial da liturgia por várias décadas.

Os caminhos percorridos, iluminados por tantos estudiosos, na formulação de conceitos positivos para a liturgia sofreram controvérsias e ataques dentro da Igreja, tornando-se assunto frequente de vários bispos daqueles países nos quais se começou todo o trabalho em busca de uma renovação – como a Alemanha, chegando até Roma. Algumas questões mereceram destaques preocupantes, como as missas dialogadas, os altares voltados para o povo e, principalmente, a grande polêmica nas esferas teológicas e espirituais da liturgia como mistério e da visão mistérica proposta e defendida pelo grande beneditino alemão Odo Casel, já citado aqui.

Nosso trabalho sobre o tríduo pascal muito se beneficiou da grande estrutura que Odo Casel elaborou sobre a Páscoa, com sua visão na relação entre "cultos mistéricos e liturgia cristã" (Flores, 2006, p. 165). Esse teólogo é considerado um autêntico precursor do Concílio. Antes, porém, joga raios para a própria Encíclica *Mediator Dei*, de Pio XII, nosso próximo assunto.

3.3 Transformações celebrativas do início do cristianismo à *Mediator Dei*, de Pio XII à *Sacrosanctum Concilium*

A primeira parte desse enunciado já foi devidamente explicada, dentro de nossos limites e possibilidades, em tudo o que expusemos, quando tratamos dos alicerces. Destinaremos, daqui para frente, maior atenção, principalmente, à *Mediator Dei*, à *Sacrosanctum Concilium* e às suas abrangências até hoje.

Uma grande abertura da *Mediator Dei* foi reconhecer, ainda que muito parcialmente, os méritos do Movimento Litúrgico, sendo a primeira atitude oficial de aceitação da Igreja. A *Mediator Dei* retoma aquilo que viu de positivo no caminho percorrido e construiu setas para a renovação litúrgica que devia acontecer no Concílio Vaticano II. O aval de Pio XII ao Movimento Litúrgico foi altamente positivo.

Nesse contexto, foi muito importante a presença do Padre Annibale Bugnini, coordenador da Comissão Pré-Conciliar sobre a liturgia, o qual trabalhou desde o anúncio do Concílio pelo Papa João XXIII, em 25 de janeiro de 1959, até 4 de dezembro de 1963, quando foi promulgado solenemente esse facho de luz, por obra do Espírito Santo, a Sacrosanctum *Concilium*, composta de sete capítulos, que trazem todos os assuntos principais da Sagrada Liturgia.

A *Mediator Dei*, logo no início, afirma: "A Igreja, fiel ao mandato recebido do seu fundador, continua o ofício sacerdotal de Jesus Cristo, sobretudo com a sagrada liturgia [...] em primeiro lugar no altar, onde o sacrifício da cruz é perpetuamente representado e renovado" (MD, 1947, n. 3). O Santo Padre reconhece a enorme contribuição dos estudos anteriores e cita os mosteiros beneditinos como de enorme validade em todo esse trajeto.

A *Mediator Dei*, depois de uma bela introdução, apresenta a liturgia como o culto público, externo e interno, regulada pela hierarquia da Igreja, o progresso e o desenvolvimento que não podem ser deixados ao arbítrio dos particulares. Na segunda parte, a *Mediator Dei* trata da eucaristia, da participação dos fiéis no sacrifício eucarístico com o sacerdote também como sujeitos e meios de promover essa participação. Aqui estava, certamente, um olhar novo que trouxe avanços.

Em seguida, a Encíclica, na terceira parte, ao falar do ano litúrgico e do ofício divino, trata do ciclo dos mistérios e descreve magistralmente o seguinte (MD, 1947, n. 144):

> Na solenidade pascal, que comemora o triunfo de Cristo, sente-se a nossa alma penetrada de íntima alegria, e devemos oportunamente pensar que também nós, junto com o Redentor, surgiremos, de uma vida fria e inerte para uma vida mais santa e fervorosa a Deus oferecendo-nos todos, com generosidade e esquecendo-nos desta mísera terra para só aspirar ao céu: "Se ressuscitastes com Cristo, procurai as coisas supremas, aspirai às coisas do alto".

Finalmente, a última parte é reservada às diretrizes pastorais em que entram seguras orientações, para que, de fato, a liturgia não seja um culto desencarnado da genuína vigilância da mãe Igreja, que faz com que esse culto público seja a expressão mais sublime da Trindade, acontecendo no ritmo ditado e santificado pelo Espírito Santo.

O terreno, assim, já estava preparado para que se produzissem avanços na pedagogia e na suavidade do Espírito Santo. O caminho foi longo e, por vezes, muito penoso. O Movimento Litúrgico produziu reflexões e lançou raios luminosos. O Santo Padre, o Papa Pio XII, que contava com suportes seguros – como a assistência divina, a própria sabedoria, toda a produção do Movimento Litúrgico, várias assessorias e seu zelo apostólico –, decretou e promoveu não só a pedagogia, a ritualidade, a mística e tudo o que envolve o tríduo pascal, mas também toda a Semana Santa. Isso aconteceu em 1º de fevereiro do ano de 1957.

Em 1962, quando iniciou o Concílio Ecumênico Vaticano II, a terra já estava muito bem preparada para germinar, crescer e dar os frutos esperados, graças à obra iniciada pelo Papa Pio XII. A reforma da liturgia, trazida pela *Sacrosanctum Concilium*, foi o resultado dos trabalhos de muitos anos. Consideremos que o Concilio de Trento quis uma reforma não acontecida pela falta de embasamento e de fundamentos teológicos diante das posições da reforma protestante que prejudicaram maiores avanços: "muitas propostas de renovação sempre aconteceram sem obterem sucesso algum. As normas e as rubricas tomaram a dianteira na unificação de todos os ritos" (Beckhäuser, 2012, p. 7). Tudo isso durou quatro séculos, ou seja, de 1563 a 1963. Na história da Igreja, não houve outro concílio que abordasse com profundidade a Sagrada Liturgia senão o Concílio Vaticano II.

A *Sacrosanctum Concilium* chegou e tornou-se a primeira fonte luminosa ao fundamentar a ação salvífica de Jesus Cristo na Igreja, por meio da liturgia, com requinte de segurança. Isso se prova pela solidez com que são construídas todas as colunas na firmeza teológica e da patrística.

Com sete capítulos – *Princípios gerais, Mistério eucarístico, Os outros sacramentos e os sacramentais, O ofício divino, Ano litúrgico, A música sacra, A arte e os objetos sagrados* –, a *Sacrosanctum Concilium* cuidou logo de começar tudo tratando da natureza da Sagrada Liturgia, construindo a essência, a medula e o eixo central da grandiosidade do assunto. Como em vários séculos esteve ausente a compreensão da liturgia na condição de celebração do Mistério Pascal de Jesus Cristo, mas com a largueza externa dos ritos e a presença de leis e rubricas na dinâmica e na realização do culto sagrado, a reforma litúrgica foi apresentada no primeiro documento conciliar trazendo pilares firmes da teologia.

> Na história da Igreja, não houve outro concílio que abordasse com profundidade a Sagrada Liturgia senão o Concílio Vaticano II.

Começava, para toda a Igreja, um grande desafio, merecedor de muito estudo, muita coragem, muito diálogo e abertura diante do imenso empreendimento.

3.4 A grande rica comunicação simbólica do tríduo pascal

Retomando a presença do Movimento Litúrgico até a *Mediator Dei* e a *Sacrosanctum Concilium*, é importante ter em mente a impossibilidade de traçar comparações entre o hoje do tríduo pascal e a festa anual da Páscoa, bastante fragmentada no conjunto celebrativo, com enfoque mais acentuado na vigília pascal, em razão da iniciação cristã dos adultos. Assim Tertuliano já escrevia, desde o século II: "Páscoa é o dia mais adequado para o Batismo, pois nela realizou-se a Paixão de Cristo, na qual somos batizados" (Teruliano, citado por Bergamini, 1994, p. 305).

Durante muitos séculos, a variedade de festas, de comemorações diversas, das longas vigílias, bem como as inúmeras e complexas partes do ano litúrgico deslocaram os fiéis para devoções populares e particulares, levando-os a se desviarem dos mistérios fundamentais da redenção trazida por Jesus Cristo, embora o domingo sempre tenha se destacado como a celebração da Páscoa semanal dos cristãos. Portanto, nosso esforço será centrado nos acontecimentos salvíficos celebrados pela liturgia que aparecem sempre como momento apropriado e eficaz da história da salvação que se realiza na pessoa de Jesus Cristo. E, no tríduo pascal, celebrativamente, concentra-se todo o envolvimento do Mistério Pascal.

Começaremos nossa exposição a partir do **Domingo de Ramos e da Paixão do Senhor**, como proposta de introdução às celebrações do tríduo pascal. É muito forte e significativa a decisão de Jesus de entrar em Jerusalém, local de sua total doação.

A celebração desse dia nos conduz à necessidade de uma profunda reflexão: a de acompanhar Jesus que entra em Jerusalém para nos doar sua própria vida. Jerusalém pode ser a imagem da casa familiar, a igreja doméstica; pode ser a Igreja, o corpo místico de Cristo por meio do qual crescemos na fé, vivemos a caridade e alimentamos a esperança; é a imagem também do céu. Somos caminhantes do Reino; a vida eterna é nosso anseio perene, e a celeste Jerusalém é nossa decisiva residência futura, porque "esta é a morada de Deus com os homens. Ele vai morar junto deles. Eles serão o seu povo e o próprio Deus com eles será seu Deus. Ele enxugará toda lágrima dos seus olhos. A morte não existirá mais, e não haverá mais luto, nem grito, nem dor, porque as coisas anteriores passaram" (Bíblia, 2006, Ap 21,3-4). E isso acontecerá porque Jesus entrou em Jerusalém e, com sua morte, ressurreição e ascensão, Ele nos faz moradores da celeste Jerusalém. Esse domingo concentra e evoca nossas atenções para acompanharmos Jesus em todo o seu percurso: da entrada solene na cidade à prisão, à condenação e à morte, da cruz e da morte à sepultura, da sepultura à vitória da ressurreição.

A procissão e os ramos nas mãos dos fiéis sinalizam uma alta comunicação na compreensão e na vivência do mistério revelado na pessoa de Jesus Cristo. Andar em procissão define nossa realidade de sermos povo em caminhada e itinerante da eternidade. Caminhamos, a cada dia, entre as coisas que passam para chegar àquelas que não passam. Somos agentes ativos da missão que recebemos. A própria liturgia traz, em sua etimologia, esse forte acento de ser uma ação. A palma que transportamos nas mãos é a sinalização da vitória e do triunfo de Jesus e nosso, em Jesus. É por isso que a cinza que recebemos na quarta-feira de cinzas simboliza, sinaliza e nos lembra que, em Jesus, encontra-se nossa vitória se, com Ele, entrarmos na cidade em busca das virtudes. Caminhando e morrendo com Ele, a vida brotará, crescerá e assumirá as proporções de eternidade, pois, com certeza, "da árvore seca da cruz de Cristo brotará a vida em abundância" (Beckhäuser, 1989b, p. 112).

Quando termina a procissão e começa a celebração da eucaristia, por meio das leituras bíblicas, da profundidade do Salmo e, principalmente, da sofrida narração dos sofrimentos de Jesus, mergulhamos profundamente no âmago do mistério da Paixão do Senhor. O relato de todos os acontecimentos, embora seja o mesmo, traz a maneira própria de cada escritor evangelista. O fato narrado, sem perder a veracidade e a essência, é sempre enriquecedor e nos auxiliará muito para celebrar e, sobretudo, para viver o que está contido no tríduo pascal. Essas leituras distribuídas nos lecionários A, B e C nos condicionam muito a poder delas tirar frutos com mais abundância. O mistério é sempre o mesmo, mas apresentado com as características de cada autor sagrado inspirado pelas luzes divinas. E assim é que, no ano A, Mateus realça o plano do Pai cumprido por Jesus, como o servo sofredor citado em Isaías (Bíblia, 2019, Is 50,4-7), cuja chave principal da celebração desse domingo se encontra na segunda leitura de Filipenses (Bíblia, 2019, Fl 2,6-11). O ano B traz, na narração de São Marcos, a presença das várias testemunhas perfeitamente identificáveis nos vários comportamentos humanos, como veremos a seguir: a mulher que unge o Mestre (Bíblia, 2019, Mc 14,3), cuja memória deve ser recordada sempre por tal obra que deve ser seguida; a presença de Judas Iscariotes (Bíblia, 2019, Mc 14,19), que se distingue pela traição e se deixa seduzir pelo dinheiro e duvida do amor de Deus no ato do enforcamento; a ação de Pedro, no momento da negação, é a imagem da fraqueza, da insegurança e do medo, mas se deixa atingir pelo profundo olhar misericordioso de Cristo (Bíblia, 2019, Mc 14,66-72); também o pouco esforço de Tiago, de João e de Pedro, que fizeram a opção pelo sono e não ficaram com o Senhor (Bíblia, 2019, Mc 14,37-42). Dormir enquanto o próximo é consumido pelo sofrimento? No ano C, Lucas é incrivelmente perspicaz na apresentação do martírio e coloca Jesus como o protótipo perfeito do mártir. Ser mártir é dar testemunho de Deus. E Jesus já dissera: "quem me vê, vê aquele que me enviou" (Bíblia, 2019, Jo 12,45).

Os elementos da celebração desse dia têm um alto significado pedagógico, teológico e espiritual para nos inserir no mistério profundo que vamos celebrar. Não pode ficar nada na esfera de uma fria celebração. Está iniciando o maior tempo favorável de nossas celebrações. Afinal, Jesus chega e entra em Jerusalém para realizar sua Páscoa e nossa Páscoa. Entramos com Jesus na transitória Jerusalém da nossa vida a caminho da eterna e definitiva Jerusalém: o céu. Uma boa preparação da comunidade celebrante, a preocupação com a parte ritual bem significativa, como o local do início da celebração, os ramos em boa quantidade, os cantos, o som de boa qualidade, os cantores, a piedosa procissão, a solene proclamação da Paixão do Senhor com excelentes leitores que possam trazer, para a assembleia reunida, a força de cada personagem encontrada no vasto texto do evangelista daquele ano que estamos celebrando. Já nos referimos a alguns desses personagens.

Ainda podemos citar os anciãos, os sumos sacerdotes e os escribas, com seus depoimentos e testemunhos falsos, que chegavam ao absurdo de participar do julgamento de alguém que jamais conheceram: a presença nefasta de Pilatos com grande insegurança e fraco posicionamento na condenação de Jesus; a multidão gritando para crucificar Jesus, talvez motivada por interesses ou não, expressando sua própria vontade e sua liberdade; as pessoas que batiam em Jesus e o insultavam talvez o fizessem para agradar a outras pessoas ou, até mesmo, para levar vantagem; José de Arimateia, que ajuda a tirar o corpo do Senhor da cruz; Simão Cirineu, o qual, embora forçado, carrega a cruz com Jesus; as mulheres que choram pelo que estavam presenciando; a silenciosa mãe de Jesus, que a tudo presenciava com as outras Marias e o apóstolo João; os dois outros crucificados com Jesus e o centurião com sua observação bastante tardia: "de fato este homem era o Filho de Deus" (Bíblia, 2006, Mt 27,54). Por fim, contemplamos o corpo morto de Jesus no colo de Maria.

Todos esses personagens, com suas variadas atitudes, devem colaborar muito na santidade da ação celebrada. Com qual ou com quais personagens nos identificamos? Que lições vão ficar a partir do Domingo de Ramos e da Paixão?

Jamais a celebração litúrgica se propõe a ser apenas lembrança somente de fatos passados. É, sim, um tempo favorável. O mistério celebrado é sempre um acontecimento presente.

O longo caminho percorrido para chegarmos às celebrações da Semana Santa esbarrou fortemente com as manifestações populares, que, por falta de uma segura pedagogia celebrativa, poderia correr o perigo de existir sem alicerce profundo da Bíblia, da teologia e da espiritualidade.

As várias formas de procissão, a presença do jejum como forma de expiar pecados, o acento forte nas cores pretas e roxas, em um direção e expressão de dores e sofrimentos, possivelmente tiraram do Domingo de Ramos e da Paixão muita riqueza para a Semana Santa, embora a piedade popular, com vestígios de tempos passados, ainda se sobreponha ao verdadeiro sentido do autêntico significado do mistério celebrado. Celebrar a Semana Santa não é deixar que os gritos de dor ecoem mais alto do que o brado solene do Aleluia, como expressão vibrante de vitória e de vida que superaram a morte. O grande desafio da pastoral é não deixar que as manifestações de cunho devocional e popular tenham importância que sirvam de pedestais para atingirmos a grandiosidade das celebrações litúrgicas. Acompanhemos Jesus no sofrimento, contemplemos seu grito de morte na cruz, abracemos o seu corpo e o carreguemos para o sepulcro, mas não esqueçamos que Jesus ressuscitou.

Calvário, cruz, morte e sepulcro são puras derrotas; sepulcro vazio com o Senhor fora dele é vitória. Uma boa presença de sensatez, caridade pastoral e muito bom senso sempre fazem muito bem. É oportuno recordar que a bênção, a procissão dos ramos e a missa constituem uma única celebração. Não há procissão sem a missa.

Passadas as celebrações do Domingo de Ramos e da Paixão, ainda dentro da Quaresma, por se tratar do sexto domingo do tempo quaresmal, percorremos mais três dias para o encerramento desse chamado *tempo forte* que seguiu o Advento e o Natal.

Com esta exposição até aqui, vamos entrando na compreensão do tríduo pascal, com sua riqueza espiritual trazida pela maturidade da ritualidade. Porém, antes de iniciar nossa abordagem sobre o tríduo pascal, é importante recordar que, nos séculos IV e V, tratava-se de apenas um dia de reconciliação dos penitentes públicos, para que pudessem celebrar frutuosamente o tríduo pascal. A reforma que veio mais tarde, não podendo esquecer a esplêndida participação do Papa Pio XII, interferiu na quinta-feira santa como dia do início do tríduo pascal.

Existem, hoje, dois momentos bem distintos celebrados nesse dia, com traços profundos de interdependência sacramental – entendendo a interdependência não somente no sentido da eficácia. Cada sacramento tem a própria eficácia.

Na parte da manhã, ainda dentro do tempo quaresmal, acontece a rica concelebração de todo o clero, das diversas dioceses, junto da pessoa do Bispo. Essa é a mais importante e significativa concelebração. A centralidade eclesial constrói-se no fato da unidade e da comum união. Formamos um só corpo, que é o corpo do Senhor. Onde não existe comunhão, abre-se uma grande entrada para a divisão e, certamente, o demônio assumiria, porque este é o seu papel: ser o autor do mal e gerenciar a maldade.

O Bispo, centro da unidade presbiteral e de todo o povo de Deus presente no território diocesano, preside a única celebração da parte da manhã e recebe de todos os presbíteros a renovação das promessas sacerdotais. Essa renovação é a mesma que cada sacerdote fez no dia da própria ordenação sacerdotal. Um sacerdote que vive fora da comunhão é um construtor de desavenças, um semeador de discórdia que se posiciona sempre na linha de chefia, e não de servidor, e será capaz inclusive de escrever uma liturgia própria, até bonita e com muitos enfeites, mas que pode não chegar ao Pai, porque não é do Filho, nem é santificada pelo Espírito Santo, por correr o risco de não ser Igreja. Ferir a Sagrada Liturgia é ferir a própria comunhão. Se tal ação acontecesse, estaríamos presenciando o seguro ensinamento de Jesus, quando disse: "Observai e fazei tudo o que eles dizem, mais não façais como eles, pois dizem e não fazem" (Bíblia, 2006, Mt 23,3).

Na **missa de quinta-feira santa**, ou por razões sérias antecipadas para outro dia, são abençoados os óleos dos catecúmenos usados no batismo, o óleo para o sacramento da unção dos enfermos e a consagração do óleo do crisma usado na ordenação sacerdotal, episcopal, sacramento da crisma, consagração de altar e batismo. É por isso que a missa de quinta-feira é chamada também de *missa do crisma*. Nos sacramentos em que se usa o óleo do crisma, imprimem caráter: batismo, crisma e ordem. Os cristãos, sacerdotes ou não, foram ungidos e pertencem a Cristo, são de Cristo, com Cristo e em Cristo, o ungido do Pai. Os óleos abençoados e consagrados na missa do presbitério, ou do crisma, são levados para as paróquias para serem usados até a próxima missa da quinta-feira santa do ano seguinte.

> Quando chega a tarde da quinta-feira santa, ao começar a missa vespertina, inicia-se o tríduo pascal, os três dias centrais de todo o ano litúrgico, cujo fundamento é dar nossas fé, esperança e caridade, por serem o coração de onde brota, realiza e consuma nossa certeza de pertença ao plano divino. A desesperança começa a se desfazer e dá lugar a uma incontida felicidade. Com a missa chamada de *Ceia do Senhor*, termina o tempo quaresmal. O tríduo pascal, que se inicia com a celebração da missa vespertina da instituição da

eucaristia, na quinta-feira santa, tem seu centro na vigília pascal e encerra-se com as vésperas do domingo da Páscoa na ressurreição do Senhor. O tríduo pascal é ápice do ano litúrgico, porque celebra a morte e a ressurreição do Senhor, "quando Cristo realizou a obra da redenção humana e da perfeita glorificação de Deus pelo seu mistério pascal, quando morrendo destruiu a nossa morte e ressuscitando renovou a vida" (CNBB, 2006, p. 11).

A missa da ceia do Senhor traz, em seu memorial, uma ceia quando Jesus quis também, como judeu que era, celebrar com seus apóstolos o grande evento comemorativo da libertação de seu povo do Egito. Jesus entra no nosso tempo em uma atitude serviçal e participa da história assumindo nossa condição humana para nos oferecer sua condição divina. É, de fato, o Deus conosco. A ceia está preparada. Só que Ele, nessa ceia, institui a eucaristia, memória permanente da redenção, trazida pelo sacrifício de Jesus. Naquela refeição de despedida também começa a existir o sacramento da eucaristia, quando o corpo e o sangue do Senhor, presentes na visibilidade do pão e do vinho, são a certeza de nosso seguro alimento da vida eterna.

> Um cristão que não se curva diante do irmão carrega indevidamente esse nome, talvez como um apelido. Uma comunidade que não tenha uma toalha da misericórdia, para enxugar as lágrimas dos irmãos, é estéril e não aprendeu o mandamento novo ensinado por Jesus naquela noite de despedida.

No início de celebração do tríduo pascal, com a instituição da eucaristia, acontece a presença estreitíssima entre os sacramentos da ordem e da eucaristia. Jesus instituiu a eucaristia e determinou: "fazei isto em memória de mim" (Bíblia, 2006, 1Cor 11,24). A eucaristia é a presença mantenedora da Igreja por Jesus; e a Igreja realiza, por alguém que recebeu o sacramento da ordem, em seu segundo e terceiro graus, a perpetuação da presença do Senhor na eucaristia. Os sacramentos da ordem e da eucaristia inserem-se fortemente no contexto e no dinamismo da Igreja desde os primeiros tempos e estabelecem uma forte presença no tríduo pascal. O sacerdócio ministerial nasceu com a eucaristia, na ceia de Jesus.

No rito da *missa vespertina* da quinta-feira santa, repetindo o que Jesus fez, o sacerdote procede ao ato de lavar os pés de 12 pessoas. Esse gesto, mesmo sendo realizado caso haja razões pastorais, tornou-se muito forte e, sobretudo, muito atual para a compreensão do ser e do agir como cristãos e da missão da Igreja. Uma Igreja sem o jarro com água para lavar os pés das pessoas é, apenas, instituição, e não o corpo místico de Cristo. Um cristão que não se curva diante do irmão carrega indevidamente esse nome, talvez como um apelido. Uma comunidade que não tenha uma toalha da misericórdia, para enxugar as lágrimas dos irmãos, é estéril e não aprendeu o mandamento novo ensinado por Jesus naquela noite de despedida. A eucaristia e o amor ao irmão, respaldados na atitude do serviço, são as vigas mestras provenientes dessa soleníssima celebração litúrgica. Ao comungar do corpo e do sangue de Jesus, quem não consegue vê-lo no irmão não entendeu o mandamento novo emanado daquela ceia derradeira. Ser da eucaristia sem estar como irmão é utopia e insensatez.

> A diaconia, isto é, a ação serviçal tendo o irmão como principal destinatário, precisa ser uma constante preocupação eclesial. Não podemos medir esforços para adquirir uma sólida espiritualidade pascal e eclesial. Uma igreja enfeitada de ricos adornos, mas diminuída de preocupação com os irmãos, mormente os mais necessitados, está fora da vocação à qual foi chamada. O próprio mestre divino apresentou seu programa quando disse: "Eu não vim para ser servido, mas para servir" (Bíblia, 2006, Mt 20,28).

Um templo em que se realiza o culto sagrado e o encontro dos irmãos com enfeites de ouro e cálices com pérolas luzentes, mas com pessoas de zinco ou de ferro, não entendeu a comunicação celestial da quinta-feira santa. Como seria triste se os cálices fossem de diamantes, mas os ministros ordenados fossem parecidos com alguma matéria de baixo valor. **A maturidade cristã e ministerial deve estar na consciência de que somos vasos de barro carregando valores sobrenaturais** (Bíblia, 2006, 2Cor 4,7).

Terminada a celebração litúrgica, o Senhor Jesus Cristo, agora em forma de hóstias consagradas, é levado para uma urna e será dado em comunhão na sexta-feira santa, na piedosa ação litúrgica que acontece por volta das 15 horas. A árvore será destruída pela morte; o fruto, porém, já está colhido para nos alimentar.

O gesto de deixar o altar desnudado é muito significativo e rico de simbolismo. O altar representa Cristo e, como Cristo, está no centro principal, onde se realiza a celebração da eucaristia. Na sexta-feira santa, não há celebração da eucaristia. Afinal, o Cristo será desnudado. Desnudarmo-nos ou despojarmo-nos de nossas misérias, apesar de nossas fragilidades, é nos colocarmos em uma prontidão de revestimento de Cristo como novas criaturas na constante abertura, sem máscaras, para o irmão.

O momento é propício para sair do apego do "eu" e ir ao encontro do "nós". Pessoalmente, fazemos uma sólida parceria com o Senhor, para construir uma forte companhia com os irmãos e, assim, o Senhor estará sempre no meio de nós.

As hóstias consagradas são levadas para uma urna, ao passo que o sacrário se encontra vazio, permaneçamos fazendo companhia ao Senhor, diferentemente dos apóstolos, que dormiram. Acompanhemos, sem aparatos festivos, mas entrando em sintonia com o abandono, a angústia, a solidão e a expectativa de que fomos companheiros de

Jesus, no Jardim das Oliveiras. Não é dia para festivas homenagens à eucaristia. Essas homenagens serão feitas na quinta-feira após o Domingo da Santíssima Trindade.

O tríduo pascal continua com a sexta-feira santa, dia de silêncio interior, transportando-nos para junto do Senhor em sua prisão, com açoites, insultos, ultrajes, calúnias, humilhações, mentiras, atos de ingratidão e tudo aquilo que destrói o íntimo de qualquer pessoa e a descaracteriza de maneira tão sórdida e violenta que ela vai morrendo aos poucos na sua dignidade de ser humano. O clima dessas constatações torna-se propício para um profundo mergulho entre a miséria e a misericórdia, porque todos os acontecimentos da sexta-feira santa sinalizam a miséria do pecado como causa e, como solução, a misericórdia.

É esse dia, em alguns lugares, bastante pródigo de manifestações populares, como as encenações, a procissão do encontro, o piedoso exercício da via-sacra, o longo sermão das sete palavras, o descendimento da cruz, as músicas com acenos para o sofrimento e até atitudes que provocam dores físicas.

> A sensatez espiritual sinaliza para a morte nunca como vencedora, mas em razão da ressurreição, que é a vitória sobre a morte. É dia de jejum e de abstinência de carne.

Somos convocados e exortados a nos debruçar sobre o sacrifício da cruz por meio da ação litúrgica das 15 horas. Na cadência do rito, a sagrada liturgia é capaz de nos mostrar o crucificado sob a ótica da ressurreição. Na cruz, estão também nossos pecados e nossas dores, assumidos por Jesus na total doação ao Pai. O apóstolo São João, que estava presente aos pés da cruz, narra, com incrível segurança, todos os acontecimentos, apresentando-nos o Cristo Senhor que comanda os diversos passos da Paixão, como a entrega livre de Jesus e sua autoridade ao fazer caírem os guardas. Nada reclamou. Quando tudo estava consumado, entrega o espírito ao Pai. Na morte, Ele é glorificado.

Em nossos corações e em todo o nosso ser, na pedagogia do rito, vamos entrando na profundidade do mistério celebrado. Isso se verifica no início da ação litúrgica, com o cenário em que se encontra o espaço: o altar completamente desnudado, a ausência de velas, o ambiente pouco iluminado, nenhum enfeite, um silêncio orante, a mudez dos instrumentos musicais e nenhum canto. Os ministros ordenados, seguidos pelo presidente, prostram-se diante do altar, em um gesto de humildade. Prostrar-se ao solo é a demonstração simbólica da onipotência divina e de nossa imensa pequenez. É dizer que somos pó e ao pó haveremos de retornar. Em nossa materialidade, apresentamos semelhança com a terra, o *húmus*, o chão. Nós somos *humanus*, humanos. Não encontrando palavra humana para explicar tamanho amor pela morte redentora de Cristo, o ministro ordenado toca a terra com o rosto.

A ação litúrgica desenvolve-se em três momentos: primeiramente, pela liturgia da Palavra, a Igreja curva-se sobre o mistério da cruz, nossa única esperança. Após a homilia, a Igreja, mediante a oração universal, "pede que a fonte de graças que jorra da Cruz atinja a todos mostrando sua missão de preocupação e carinho para com todos. Todas as pessoas e todas as intenções são colocadas neste rico momento da oração universal" (Beckhäuser, 1989b, p. 117). O sacrifício da cruz não é oferecido para alguns, mas para todos. Todas as pessoas, de ontem, hoje e sempre, são participantes desse ato do amor maior de Jesus.

A essa altura da celebração, a cruz, árvore da vida, entra em cena; começa o rito, em alto grau, de glorificação e de adoração da cruz, que é mostrada à assembleia, com a imagem de Jesus nela pregado. Não há maior amor do que dar a vida por alguém. E foi isso que Jesus fez: uma ação sacrifical realizada uma só vez, porque tem valor de plenitude.

Todos somos, misteriosamente, assinalados pelo sangue que jorra do lado de Jesus por sermos, agora, o novo povo de Deus. Ele é o verdadeiro cordeiro pascal. É a nossa Páscoa. Contudo, ao olharmos o Cristo morto, cordeiro imolado, precisamos fazer a transposição e enxergar o cordeiro glorioso, dominador amoroso do mundo e da história. Na cruz, iniciaram-se as núpcias do cordeiro, que terão sua realização plena na festa do céu (Bíblia, 2019, Ap 19,7-9). A assembleia reunida manifesta sua gratidão, seu carinho e sua ternura, de joelhos e, depois, caminhando para oscular a cruz com a imagem do Cristo crucificado.

Finalmente, ainda estamos olhando para a imagem do Cristo morto, quando é trazida a santíssima eucaristia, pão vivo descido do céu. Recordamos que, na quinta-feira santa, sabendo que era chegada a sua hora, Jesus tomou o pão e o vinho e estabeleceu sua presença entre nós na materialidade desses dois elementos. A sagrada comunhão, distribuída somente na espécie de pão, é o fruto da árvore que será dado em comida como prolongamento da missa da ceia do Senhor.

Distribuída a comunhão, temos, espiritualmente, a presença viva de Jesus, princípio e fim. Com os olhos fixos na cruz, após a oração do presidente da ação litúrgica, cada membro da assembleia é convidado a permanecer com Maria, revivendo a presença do sepulcro, meditando a paixão e morte do Senhor. Afinal, mataram Jesus e o sepultaram.

Terminando a ação litúrgica, a noite já vem chegando e, com ela, a espera do dia de amanhã, sábado santo, quando, passado esse dia, acontecerá a solene vigília pascal. Saindo do túmulo, o coração humano é o local próprio para o Senhor permanecer.

O sábado santo chega com a reflexão em três dimensões: o silêncio da esposa, a Igreja, enquanto dorme o esposo; a participação no mistério da morte do Senhor, em uma atitude de quem vela junto do túmulo de Jesus; e a expectativa da derrota da morte.

Não há, hoje, a assembleia eucarística; o jejum da eucaristia prepara a grande festa da noite. Os vários momentos da liturgia alimentam a Igreja, nos quais o tema dominante é a esperança da ressurreição e o triunfo do Messias, vencedor da morte. Novos tempos estão para começar. Talvez o coração humano, indeciso e titubeante, possa não estar ainda no clima da total vibração. Contudo, é certo que Cristo, verdadeiro homem, assumiu decididamente a morte, mas experimentou profundamente de seu aniquilamento, efetuando a vitória total sobre ela e, consequentemente, trazendo a vitória para todos que se revestirem do Senhor. Em Cristo, o novo Adão, e todos que aderirem à sua ressurreição, encontrarão plenitude de tudo aquilo que viveram na esperança. A morte, nesta dimensão, não consome definitivamente nossa trajetória, a qual continua esperando a segunda vinda de Cristo na Glória. A morte é vitoriosa sobre os limites da condição terrena, mas não é definitiva, porque o sacramento do batismo nos fez participantes da vida divina conquistada pela morte redentora de Jesus Cristo.

Durante esse dia, na Liturgia das Horas, merece destaque a riqueza dos textos tirados dos salmos, dos escritos patrísticos ou dos santos padres, que são capazes de provocar um diálogo, hoje, entre Cristo, vencedor da morte e do pecado, e Adão, que introduziu a morte e o pecado na história humana.

Na prática, isso já começa a ser visível, com a inserção daquelas pessoas que, durante algum tempo, fizeram o caminho de iniciação à vida cristã dos adultos e, na **vigília pascal**, receberão os sacramentos do batismo, da eucaristia e do crisma, de manhã ou no início da tarde, no último momento celebrativo, antes dos sacramentos. Estes constam da acolhida, da escuta da Palavra, da recitação do símbolo, do toque nos ouvidos e nos lábios dos eleitos, dos canais da escuta e da proclamação dos louvores e glória a Deus, da unção com o óleo dos catecúmenos no peito ou nas mãos ou em outra parte do corpo.

Por meio dos sacramentos, sinais sensíveis e eficazes, nós nos tornamos, realmente, participantes de tudo aquilo que Jesus realizou pela cruz, pela morte e pela ressurreição. A vigília pascal tem início à noite e finaliza-se antes do romper da aurora. É a maior noite que existe, não pelo tamanho, mas pela grandeza. Celebrar essa noite na liturgia e trazê-la para a vida é dissipar as trevas do nosso pecado e clarear nosso dia a dia com a luz de Jesus ressuscitado. Com a noite, chegam os raios da lua, porque o sol só clareia durante o dia, enquanto Jesus dissipa todas as trevas e sua luz não apaga jamais.

A vigília pascal é o centro e o núcleo do Mistério Pascal e dos cristãos. É dela – e nela – que todo o ano litúrgico se centraliza; é em razão dessa santa vigília que podemos celebrar, na liturgia e na vida, o Senhor vivo e ressuscitado.

Por ser noite, a própria natureza sinaliza a história de cada pessoa sem a luz de Jesus Cristo. Com Jesus, é luz; sem Jesus, é treva. A claridade lunar tenta dissipar as trevas, mas não consegue e, ainda se conseguisse, seria luz passageira. O sol é capaz de destruir a escuridão, mas se condiciona a possíveis nuvens densas ou chuvas e sua presença é impossível, por se tratar de vigília; e o macro acontecimento realiza-se durante a lua cheia, entre os meses de março e abril. E o que adiantaria poder caminhar sob a luz solar se esta é passageira e não clareia a luz da fé, da esperança e da caridade? Como seria nossa vida se, embora havendo o sol – parte do sistema planetário –, a luz verdadeira continuasse sepultada e não dissipasse as trevas do pecado, da angústia, da desesperança e da morte?

Não é sem razão que essa vigília é considerada a mãe de todas as vigílias que celebramos, não somente a Páscoa de Jesus, mas também a Páscoa dos cristãos, seus membros resgatados. Isso fica bem entendido, porque a solenidade pascal é solenidade batismal; é por causa da Páscoa que a mãe Igreja dá à luz novos filhos pela fé e pelo batismo e os alimenta da ceia pascal, a eucaristia, ceia do cordeiro imolado e glorioso. É a celebração da vida que se renova em Cristo ressuscitado. A comunidade celebrante vai sendo atingida suavemente pela vida divina, mediante as várias etapas realizadas na cadência do rito.

O fogo aceso fora da igreja e a luz são símbolos muito claros de Jesus, luz do mundo. A luz do fogo dissipa a escuridão da noite como Cristo, que vence as trevas do mal. Essa noite, iluminada pela luz da lua que brilhará à noite, somada à luz do sol que brilhou nas últimas 12 horas e a luz do fogo que cedeu à chama, para acender o círio pascal que acendeu as velas do povo reunido, é símbolo de Cristo, luz perene que nunca se apaga.

Da rica simbologia dessa noite despontam presenças muito significativas: o fogo, a luz, a água, o óleo, o pão, o vinho e, naturalmente, o círio pascal. Podemos falar também da noite.

Fora da igreja, é acendido o fogo cujas labaredas vão dissipando a escuridão, símbolo de impossibilidade de caminhar bem. Quando anoitece, até os animais se recolhem, a visão é afetada, o corpo pode estar cansado e pronto para o repouso.

Nesse fogo abençoado é acendido o círio, cuja chama produz enorme efeito, quando, carregado pelo diácono e acompanhado pelos eleitos que vão receber os três sacramentos de iniciação cristã, entra na igreja totalmente escura. A comunicação que o círio transmite é sublime e forte demais, como veremos: a grande vela já é definida na entrada da igreja com o canto *Eis a luz de Cristo*. A pessoa de Cristo é contemplada na materialidade da cera, que é assim saudada na proclamação da Páscoa: "ó noite, em que a coluna luminosa as trevas do pecado dissipou, e aos que creem no Cristo em toda terra em novo povo eleito congregou!". E mais ainda: "Cera virgem de abelha generosa ao Cristo ressurgindo trouxe a luz; eis de novo a coluna luminosa, que o vosso povo para o céu conduz. O círio que acendeu nossas velas possa esta noite toda fulgurar; misture sua luz à das estrelas, cintile quando o dia despontar" (Canto do Exultet, citado por Sagrada..., 1992, p. 278).

A grande vela em cuja cera está representada a presença da fauna – no caso, a abelha, que é também criação divina – apresenta fortes símbolos comunicadores de realidades de incríveis riquezas, como: a chama fumegante sempre em posição vertical nos apontando, mostrando e lembrando que somos luz do mundo e que Jesus é essa luz perene no qual, pelo Espírito Santo, acendemos a luz da fé e das outras virtudes para chegarmos ao Pai. Na luz de Jesus ficará fácil vermos e assumirmos o irmão. Jesus vivo e ressuscitado é Princípio e Fim, conforme a presença das letras gregas Alfa e Ômega. Não é sem motivo que, junto do fogo, no início da celebração, quando se preparava o círio, será dito pelo presidente da celebração: "Cristo ontem e hoje, Princípio e Fim, Alfa e Ômega, a Ele o tempo e a eternidade, a glória e o poder, pelos séculos sem fim".

> Da rica simbologia dessa noite despontam presenças muito significativas: o fogo, a luz, a água, o óleo, o pão, o vinho e, naturalmente, o círio pascal.

No círio são penetrados cinco grãos de incenso, em forma de cravos, a exemplo do que aconteceu no corpo de Jesus. Na liturgia dessa noite, foi dito, quando os cravos perfuravam a cera como os cravos que perfuravam o corpo de Jesus: "por suas chagas, nas chagas gloriosas, o Cristo Senhor nos proteja e nos guarde" (Sagrada..., 1992, p. 272). A árvore verde, se frutífera, ao ser furada e podada, produz incalculável quantidade de frutos. O incenso, ao ser queimado, produz aroma e sua fumaça aponta o infinito. A grande vela traz visível a figura do cordeiro. Jesus é comparado ao cordeiro sem mancha, manso e humilde. Cristo é o verdadeiro *Kyrios*, o Senhor da história. É pertinente contemplar o que estamos celebrando à luz da Palavra de Deus, que diz:

> "Assim fala o Senhor Deus: Ó meu povo, vou abrir as vossas sepulturas e conduzir-vos para a terra de Israel; e quando eu abrir as

vossas sepulturas e vos fizer sair delas, sabereis que eu sou o Senhor. Porei em vós o meu espírito para que vivais e vos colocarei em vossa terra. Então sabereis que eu, o Senhor, digo e faço". (Bíblia, 2006, Ez 37,12-14)

É ele que caminhou em nossa terra assumindo nosso jeito humano de ser. Ele está no meio de nós. Essa é a grande comunicação sinalizada pelos quatro algarismos presentes no círio do ano em curso.

Finalizando essa primeira parte da solene vigília, em toda a igreja, com cada participante empunhando a vela acesa em sintonia com a chama do círio, acontece a proclamação da Páscoa com o magnífico canto de exultação que nos recorda a maravilhosa história de nossa salvação e manifestamos nossa gratidão a Jesus Cristo, ressuscitado pela verdadeira luz que Ele deu à nossa vida.

O segundo momento é ocupado pela liturgia da Palavra, quando são trazidos e "relatados os fatos mais importantes e significativos da Salvação e os valores marcantes e essenciais da nova vida que trazemos em nós como filhos de Deus" (Sagrada..., 1995, p. 326). Havendo motivos justos, é possível reduzir o número das leituras, exceto a terceira leitura do livro do Êxodo, a qual recorda a primitiva Páscoa. As velas são então apagadas, porque a santa Palavra é a verdadeira luz.

A presença da água, elemento forte da vigília pascal, torna-se o destaque nessa altura da celebração. Afinal, é ela que, no batismo, lavou nosso pecado e nos fez participantes da vida divina, trazida pela morte e ressurreição de Jesus, acontecimento magno, razão de toda a solenidade da noite santa.

A exemplo da passagem do Mar Vermelho, quando as águas destruíram os inimigos, no batismo, a água, pela ação da Trindade Santa, apaga nosso pecado e passamos a ser caminhantes do céu, nossa morada alcançada pela Páscoa de Jesus Cristo. Com essa água a comunidade celebrante é aspergida depois da renovação das promessas batismais e cada participante, com a vela acesa, professa sua fé madura e renuncia a toda e qualquer aproximação do demônio.

Havendo eleitos para receber os três sacramentos da iniciação cristã, a celebração torna-se ainda mais enriquecida por ser um espetacular momento de poder visualizar e sentir tudo o que estamos celebrando, uma vez que os sacramentos são nossa participação na perfeita redenção realizada em Jesus.

E, por último, acontece o momento mais alto da celebração, que é a eucaristia. O pão e o vinho, matérias do sacrifício, são trazidos ao altar. Toda a Igreja, pela eucaristia, participa da nova Páscoa de Cristo. Renascidos pelo batismo, animados e fortificados pelos dons do Espírito Santo e saciados na mesa do cordeiro pascal, somos chamados a dar testemunho na vida pela morte e ressurreição do Senhor Jesus. Visualizamos, no altar da eucaristia, o sacrifício pascal e perpetua-se a nova e eterna Aliança. A certeza de vida eterna invade o indeciso coração humano, fazendo com que ele possa entrar em contínua sintonia com o coração divino-humano de Jesus, portador de soluções para nossas interrogações e indecisões. A eucaristia nos proporciona viver continuamente a Páscoa de modo pleno. Por ser a maneira mais alta de darmos graças, a eucaristia nos leva a um perene *sim* festivo à vida, que já apresenta marcas de eternidade. O brado de um contínuo *aleluia* torna-se sonorizado por nossas boas ações.

O domingo da Páscoa da ressurreição, último dia do tríduo pascal que deu início à existência do primeiro dia da semana, páscoa semanal dos cristãos, tema longamente apresentado no início desta obra, é o grande complemento e desfecho de tudo o que foi celebrado na vigília. Toda a liturgia desse dia acontece trazendo e mostrando que o Senhor, vencedor da morte, está vivo ressuscitado. Estamos celebrando e vivendo os mistérios gloriosos e triunfantes.

O Cristo em nós e nós em Cristo: nisso, está a certeza de vida nova e de eternidade. A ressurreição de Cristo é princípio de renovação e de vida nova para todas as criaturas e todas as coisas. Uma nova primavera espiritual desponta.

Os 50 dias que celebram o tempo pascal, começando no domingo de Páscoa após a solene vigília e terminando em Pentecostes, são especialmente marcados pela profunda alegria de nossos corações, motivada e alimentada pela renovação da fé na ressurreição do Salvador e madura fidelidade ao santo batismo, pelo qual nos tornamos corressuscitados com Cristo. A manifestação de júbilo desse tempo se apresenta no canto de aleluia, o qual, repetidamente, ressoa na liturgia. O círio pascal, aceso na vigília do sábado santo, é símbolo testemunhal da presença do Senhor vivo no meio dos seus.

A celebração da eucaristia, no período pascal, sinaliza, particularmente e intrinsecamente, as várias manifestações de Jesus ressuscitado na Igreja fundada por Ele, tornando-nos testemunhas e instrumentos dessas manifestações, como povo sacerdotal que somos e dando graças ao Pai por termos, continuamente, a presença de Jesus ressuscitado no meio de nós.

Não é assim que respondemos na celebração da missa?

3.5 A centralidade do Mistério Pascal celebrada em três dias

Já refletimos bastante sobre o assunto anunciado. Os três dias celebrados são o coração, a medula e o cérebro do ano litúrgico – não só como composições celebrativas, mas são eles os responsáveis para dar início e projetar as diretrizes de toda a vida litúrgica e de toda a vida da Igreja.

Mesmo sabendo que o ano litúrgico começa com o Advento, é aqui, no tríduo pascal, que ele encontra a expressão mais alta e determinativa para nos alicerçarmos porque, sem a ressurreição de Cristo, nada teríamos para celebrar.

Como acontece essa centralidade do Mistério Pascal celebrado em três dias? Vejamos: na quinta-feira santa – Jesus, na ceia, com os apóstolos –, ocorreu o início referente à transposição da celebração da Páscoa, acontecimento histórico para a Páscoa verdadeira, que é a passagem da morte para a vida, começando uma nova Páscoa definitiva. Na mesma ceia, Ele instituiu a eucaristia, memorial permanente de sua presença entre nós e alimento para nossa caminhada.

Naquela noite, Jesus despediu-se dos apóstolos e começou o longo caminho de dores, humilhações e sofrimentos, mas de profunda coragem, que teve seu desfecho humano na cruz e na sepultura.

Na sexta-feira santa, já preso, Jesus percorreu o caminho do calvário, deixando-se desfigurar de tal maneira, totalmente desprezível, conforme antecipara o escritor sagrado em seu relato profético:

> Cresceu diante dele como um pobre rebento enraizado numa terra árida; não tinha graça nem beleza para atrair nossos olhares, e seu aspecto não podia seduzir-nos. Era desprezado, era a escória da humanidade, homem das dores, experimentado nos sofrimentos; como aqueles, diante dos quais se cobre o rosto, era amaldiçoado e não fazíamos caso dele. (Bíblia, 2019, Is 53,2-3)

Esse dia é marcadamente preenchido com o programa, contendo vários momentos: Judas levando um destacamento para prender Jesus; os guardas que caem por terra diante da disponibilidade do Senhor para ser preso; Pedro cortando a orelha do servo do sumo sacerdote; a condução a Anás; a tríplice negação de Pedro quanto ao conhecimento do Mestre; em casa de Caifás e, depois, no palácio de Pilatos; a flagelação com a coroa de espinhos, bofetadas e humilhações; um bandido,

Barrabás, vale mais do que Jesus, que recebe a cruz e a carrega para, nela, ser crucificado; a roupa do Senhor, dividida e repartida; a presença de sua mãe e de outras pessoas; o vinagre para matar a sede; a lança que lhe abre o peito; José de Arimateia, que tira o corpo de Jesus da Cruz e o sepulta.

Nesse fatídico dia, parecia caírem por terra todas as esperanças, porque mataram o Senhor. O sábado santo, durante o dia, é o prolongamento da tristeza pela morte de Jesus, celebrada no dia anterior, embora a proximidade da vigília pascal inspire horizontes luminosos de esperança. A cruz e o altar desnudados, diante dos quais se poderia celebrar a Liturgia das Horas, colocam-nos em comunhão com toda a Igreja, esposa vigilante, que espera seu Senhor.

Talvez a experiência dos preparativos do espaço celebrativo com a riqueza de elementos, já descritos nesta obra, poderá nos colocar em sintonia e enriquecer nossa expectativa, aproveitando também os ritmos cósmicos, como as horas do dia que vão se passando, o sistema lunar, os enfeites vibrantes, os objetos litúrgicos e outros elementos que nos possibilitem colher o máximo dos benefícios espirituais e humanos da mais importante celebração da noite que é a vigília pascal.

A escuridão da noite será dissipada, primeiro, em nosso interior, pela chama ardente e vibrante da fé. É importante que, em nosso interior, brilhe a luz de Jesus Cristo, para podermos sentir e fazer uma leitura madura, quando acendermos o círio pascal, que representa Cristo, verdadeira e eterna coluna de luz que serve e guia o povo na caminhada que não pode parar. Na justiça e no amor de Cristo fomos batizados e nEle se infunde o verdadeiro fogo e a luz do Espírito Santo. Esse fogo destrói nosso pecado, dando-nos vida nova e trazendo o "fogo do amor de Deus que transforma todas as coisas" (Beckhäuser, 1989b, p. 80). Nossas vidas deverão ser consumidas pelo fogo do amor de Deus como a cera do círio, que vai sendo consumida para alimentar e manter a chama acesa.

As palavras inspiradas de São Gregório de Nissa são brilhantes nesse contexto ora abordado, quando afirma: "Como nesta noite luminosa o esplendor das chamas anula-se nos raios do Sol nascente, formando uma coisa só com o dia, que não é mais quebrado pelas trevas, nós vemos que nessa noite a profecia se realiza: é esse o dia feito pelo Senhor" (Gregório, citado por Marsili, 2010, p. 609). Ou, ainda, como na proclamação da Páscoa se canta: "Esta é a noite da qual foi escrito: a noite será luminosa como o dia [...]. É este Círio, destinado a destruir as trevas dessa noite, não cesse de resplandecer sem consumar-se, até confundir-se com o luminar celeste. A estrela da manhã o encontra aceso, a estrela, isto é, que não conhece o caso" (Gregório, citado por Marsili, 2010, p. 609).

O ápice da noite santa da vigília é, sem dúvida, a eucaristia, a ação de graças, por excelência, da nova Páscoa de Cristo assumida e participada pela Igreja. Não se trata de um memorial subjetivo, frio e relativo, mas da perpetuação essencial e permanente de tudo aquilo que celebramos. É a perene renovação do Mistério Pascal acontecida sob o altar do sacrifício. É a festa da vida nova do Cristo e dos cristãos. O Senhor da vida se fez alimento da imortalidade, por ser o banquete da vida que é a eucaristia. Essa é a realidade de maior grau e brilho que desafia nossa capacidade de entendimento.

Resta-nos, ainda, retornar para junto do túmulo vazio e ouvir o que as mulheres presenciaram, o que duas testemunhas com vestes resplandecentes disseram: "Por que estais procurando entre os mortos aquele que está vivo? Não está aqui. Ressuscitou!" (Bíblia, 2006, Lc 24,5-6).

A eucaristia é o encontro com Jesus vivo e ressuscitado. O domingo da páscoa, na ressurreição do Senhor, último dia do tríduo pascal, chega como um apêndice da vigília. Novos tempos são inaugurados. O coração humano, tornado um novo coração, alimentado com a riqueza celebrativa do tríduo, baterá em uníssono com uma fé mais amadurecida e uma esperança mais renovada, pronta para não ficar guardando a cultura da morte no cultivo às mágoas, ao ódio, ao desamor, à divisão e a tantas outras presenças de situações cadavéricas que não deixam as pessoas, sujeitas da redenção trazida por Cristo, dar testemunhos pela vida de que o Senhor está vivo e nos quer todos vivos com Ele. A noite da escuridão passou e a vida triunfou.

Com as vésperas do domingo, é encerrado o tríduo pascal, dando início à oitava da Páscoa, isto é, oito dias como se fossem um dia somente. Jesus, "vencendo a corrupção do pecado, realizou uma nova criação. E, destruindo a morte, garantiu-nos a vida em plenitude" (Sagrada..., 1995, p. 579).

Finalizando esta abordagem, constatamos, de fato, que o tríduo pascal é a celebração do Mistério Pascal em três dias: sofrimento, prisão, crucificação, morte, sepultura e ressurreição de Nosso Senhor Jesus Cristo e sua gloriosa ascensão, após 40 dias. Todos esses acontecimentos estiveram em cena nas celebrações da quinta-feira à tarde até o domingo, também à tarde.

Síntese

O tríduo pascal é, portanto, o centro do ano litúrgico e da vida cristã. Na quinta-feira santa, ao anoitecer, na sexta-feira santa, à tarde, no sábado santo, à noite, a Igreja, pela riqueza celebrativa da liturgia, traz para todos nós, mediante a pedagogia de cada rito, os acontecimentos que marcaram nossa libertação pela total doação e Jesus, sua morte e ressurreição. Com o tríduo pascal, encerra-se a Antiga Aliança e começa, para o novo povo de Deus, uma Nova e Eterna Aliança.

Esse percurso celebrativo parte da Quinta-Feira, ao anoitecer, percorre a sexta-feira e a noite do sábado santo, encerrando-se na tarde do domingo da páscoa, na ressurreição do Senhor. A desenvoltura do rito, presente nas celebrações desses dias, contempla e realiza os acontecimentos do Mistério Pascal.

Atividades de autoavaliação

1. O cume do tríduo pascal acontece:
   a) na ação litúrgica da sexta-feira santa.
   b) na vigília pascal.
   c) no domingo da Páscoa na ressurreição do Senhor.
   d) nenhuma das alternativas anteriores.

2. A vigília pascal tem início com:
   a) a apresentação das ofertas.
   b) a bênção da água.
   c) a celebração da luz.
   d) as leituras bíblicas.

3. O Movimento Litúrgico começou em:
   a) 1945.
   b) 1909.
   c) 1947.
   d) 1965.

4. O autor de *Mediator Dei* é:
   a) o Papa João XXIII.
   b) o Papa Pio X.
   c) o Papa João Paulo II.
   d) o Papa Pio XII.

5. O documento do Concílio Vaticano II que realizou a reforma da liturgia denomina-se:
   a) *Sacrosanctum Concilium.*
   b) *Mediator Dei.*
   c) *Lumen Gentium.*
   d) *Dies Domini.*

Atividades de aprendizagem

Questões para reflexão

1. Alguns elementos são muito significativos no tríduo pascal, como o pão, o vinho, a água, a luz, a Palavra e a cruz. Por quê?

2. Por que o tríduo pascal é o centro vital no contexto da fé batismal?

Atividade aplicada: prática

1. Quais papas podemos citar na liturgia, como um todo, e no tríduo pascal?

4
O tempo da quaresma

A grandeza e a importância de um acontecimento exigem uma preparação proporcional a esse acontecimento. A quaresma tem seu valor próprio e insubstituível, pois trata-se de um tempo forte do ano litúrgico. Contudo, serve esse tempo, em sua imensa riqueza celebrativa, para trazer elementos que, celebrados e vividos, colocam os seres humanos em sintonia e os preparam para a celebração da Páscoa. A teologia, a espiritualidade, os aspectos fundamentais, como a misericórdia divina e a miséria pessoal, a oração, o jejum, a esmola, o sacramento da reconciliação e penitência, os exercícios de piedade são ingredientes indispensáveis para uma frutuosa preparação, em vista do maior acontecimento, que é a celebração da Páscoa.

A quaresma é portadora das fontes da misericórdia divina em detrimento da miséria humana. A miséria jamais medirá forças com a misericórdia. As maravilhas que a celebração da Páscoa reserva às pessoas estão diretamente ligadas aos favores que o tempo da quaresma propicia. Ao tentar buscar a origem da palavra *quaresma*, é pertinente ligá-la ao número 40 (*quarenta*), sem dar tanta importância ao número como tal, mas ao significado desse tempo para nossa realidade humana e espiritual.

É provável e também sensato partirmos do relato bíblico do Evangelho do primeiro domingo da quaresma como acontecimento que, no mínimo, elucidou a origem do nome para esse tempo: "Naquele tempo, o Espírito conduziu Jesus ao deserto, para ser tentado pelo diabo. Jesus jejuou durante quarenta dias e quarenta noites, e, depois disso, teve fome" (Bíblia, 2006, Mt 4,1-2).

No decorrer desta análise, teremos a oportunidade de percorrer um longo caminho, ressaltando a importância, a finalidade, a teologia, a espiritualidade e a metodologia celebrativa que esse tempo nos propicia. Certamente, dois horizontes principais permearão nossa atenção: Páscoa e sacramento do batismo, binômio inseparável no contexto quaresmal, pois "se a Páscoa é essencialmente a passagem dos vícios para a virtude, evidentemente ela não terá por sujeito Deus, mas o homem, e não se celebrará tanto com uma liturgia e com ritos externos, se bem que estes não sejam renegados, mas principalmente com um esforço contínuo e interior para o bem" (Cantalamessa, 1994, p. 8).

Todo o caminho quaresmal direciona-se para a celebração da Páscoa e não há como vivermos a espiritualidade pascal sem mergulharmos, por meio de grande esforço, na graça batismal. O batismo, sacramento essencialmente pascal, coloca-nos em íntima conexão com Cristo ressuscitado e com todos os favores provenientes dos acontecimentos pascais.

Viver a Páscoa é viver na graça batismal. A Páscoa é vida nova conseguida na autenticidade da fé batismal.

A realidade penitencial, presença forte no tempo quaresmal, está fundada sobre a própria realidade batismal, em uma visão séria e em um sentido verdadeiramente cristão. Batismo e penitência, portanto, são presenças essenciais e próprias da quaresma.

O caminho quaresmal consiste em passar da morte para a vida, uma ligação vertical com Deus, e horizontal, com o irmão. Nesse sentido, a quaresma é vista no contexto do ciclo pascal em seu aspecto de entrega e retomada radical do seguimento de Jesus. A oração do domingo da quaresma nos coloca na dimensão certa do que mencionamos até aqui: "Concedei, ó Deus, que vossos filhos e filhas se preparem dignamente para a festa da Páscoa, de modo que a mortificação desta Quaresma frutifique em todos nós" (Sagrada..., 1992, p. 186).

4.1 História, teologia e espiritualidade

A quaresma foi organizando-se progressivamente. Não há como dizer onde e como apareceu. O que sabemos, a partir da doutrina dos Apóstolos, de Justino, de Tertuliano e, sobretudo, por Hipólito de Roma é que, desde os tempos remotos, sempre houve um tempo de preparação, em razão da celebração da Páscoa e, principalmente, do caminho catecumenal. Era, portanto, um período para os sacramentos da iniciação cristã. Isso ocorreu a partir da metade do século II, quando se falava de um jejum para a preparação da Páscoa dentro de todos aqueles limites e mudanças mencionados no Capítulo 2 e no Capítulo 3 desta obra, sobre o ciclo pascal e o tríduo pascal, respectivamente.

Somente no início do século IV, no Oriente, houve notícias de um período pré-pascal, e no Ocidente, somente no final desse mesmo século, da estrutura da quaresma. Nesse período, fala-se dos 40 dias, talvez, pelo simbolismo bíblico. Devemos levar em consideração a pesada disciplina penitencial para a reconciliação dos pecadores, como acontecia na quinta-feira santa, e as fortes e pesadas exigências do catecumenato em vista, principalmente, do batismo, na noite da Páscoa.

E assim, gradativamente, esse tempo foi configurando-se, sem dúvida, com um forte teor pascal e batismal, que levou o cristão a se voltar para a Páscoa do Senhor e o batismo recebido. É também tempo imprescindível para os catecúmenos que receberão o batismo, a crisma e a eucaristia.

A contribuição do Movimento Litúrgico, muitos anos mais tarde, e o Papa Pio XII lançaram raios e deram novos ares à Semana Santa, trazendo maiores riquezas e significativos avanços também para a quaresma.

A espiritualidade eucológica da quaresma e a feliz publicação dos lecionários, trazendo os textos bíblicos extremamente iluminadores, são uma presença luminosa em todo o percurso quaresmal. Também o itinerário celebrativo, desenvolvido em três anos, traz uma clara pedagogia muito bem apresentada. Assim, o ano A, com acento no Evangelho Mateano, faz chegar, para melhor celebrar, uma quaresma centrada no batismo e no caminho da iniciação cristã.

A presença da água, da luz e da vida que os Evangelhos do terceiro, quarto e quinto domingos trazem são muito significativos. Em primeiro lugar, seremos iluminados pela rica descrição que se revela de fácil visibilidade pela presença do encontro de Jesus com a samaritana junto do poço de Jacó (Bíblia, 2019, Jo 4,5-42). A **água** torna-se o centro da longa conversa de Jesus com a samaritana. Quando interceptada diretamente da fonte, a água é fruto do trabalho humano, renova o milagre da vida e não apenas nos coloca em condições de prosseguir viagem, mas também fecunda a terra, fazendo-a mais produtiva, e a vida humana beneficia-se com isso. Perto daquele poço, verificamos três momentos significativos: primeiro, a necessidade comum da água para o uso normal de qualquer pessoa e de qualquer residência; segundo, a ausência da água viva da graça de Deus, para atingir a vida bastante ressequida daquela mulher; terceiro, a presença de Jesus, que utiliza o momento da necessidade da água e, pedagogicamente, regou a vida da mulher.

O batismo, sacramento da regeneração e da pertença, só pode ser realizado com a presença da água como elemento material que destrói nossa culpa e nos fecunda com a semente do Reino. Percebemos que, daquele encontro de Jesus, uma nova criatura despontava na vida daquela mulher.

A água do batismo tem o poder de lavar os pecados e fazer renascer os filhos de Deus pelos merecimentos e em virtude do sangue de Cristo, fonte de graça e de perdão. No encontro com a samaritana, percebemos uma mudança de panorama, a exemplo do batismo, que é um acontecimento transformador, por ser o primeiro efeito do Mistério Pascal. Falar de *batismo* é tomar e assumir o compromisso da cruz, da morte, da ressurreição e da ascensão do Senhor no quotidiano pessoal e eclesial. A compreensão do batismo está diretamente direcionada e dependente da compreensão da Páscoa. Sem essa realidade, o caminho pode estar na periferia e até na contramão de uma fé amadurecida, e a primeira relação do batismo é com a Páscoa de Cristo. Pela fé batismal, participamos da morte e da ressurreição de Cristo (Bíblia, 2019, Rm 3,3-5). Essa consciência está presente na Igreja desde os primeiros séculos pelo fato de ser celebrada na noite pascal. O batismo é o renascimento cristão que vem pela água e pelo Espírito (Bíblia, 2019, Jo 3,5) e transmite o espírito de Cristo pascal. A leitura teológica sobre o batismo inclui, necessariamente, a pneumatologia.

Assemelharmo-nos a Cristo é assemelharmo-nos a Ele em sua morte e ressurreição. Isso aconteceu no nosso batismo e, durante a quaresma, no forte apelo à conversão por meio de uma madura retomada à vivência batismal. Quando chega a vigília pascal, na renovação das promessas batismais e na profissão de fé, entramos em um clima de novas criaturas, prometendo viver verdadeiramente a vocação à santidade, no caminho seguro aberto pela vitória da vida sobre a morte, realizada por Cristo. O batismo inaugura o retorno do diálogo com Deus, em Cristo, pela ação de o seu espírito. Esse diálogo tornou-se impossível de acontecer e foi interrompido pela incapacidade estrutural de todo ser humano proveniente do pecado original.

A teologia e a espiritualidade da quaresma, que têm na vida batismal suas grandes raízes, fortalecem-se com a celebração do quarto domingo do ano A, quando Cristo, luz para as trevas humanas, marca presença, conferindo vista ao cego de nascença (Bíblia, 2019, Jo 9, 1-41). Batismo é o sacramento da luz, por nos conferir a fé que é luz. Acolher essa luz é crer e entrar em comunhão e em sintonia com Jesus, o enviado do Pai.

A cura do cego confere-lhe a grande dádiva de poder ver a luz e, vendo a luz, ele poderá assumir caminhos nunca vistos por ele. Essa ação realizada por Cristo sinaliza e torna-se suporte para a compreensão do acontecimento batismal: rompimento com as trevas produzidas pelo nosso pecado original e acontecimento das luzes da "bondade, justiça e verdade", que são alguns frutos da fé recebida, acolhida e vivida.

Quando isso não acontece, corremos o perigo de contemplar um fenômeno com repercussão indesejada, isto é, o olhar da ciência em pleno desenvolvimento, ao passo que o olhar da humanidade vai tornando-se opaco nas dimensões humanas e espirituais. Seria um prejuízo incalculável, caso as vertentes humanas se fechassem em um horizonte de trevas, sem que um raio de luz pudesse penetrar as redes do mistério.

O batismo, essencialmente iluminação, acontece para que nossos olhos sejam abertos para Deus e seu mistério, para o mistério do homem, para o sentido da vida, do sofrimento e da morte. Abrange o sentido da vida, alinhado com nosso destino individual e coletivo, com repercussão em todo o sentido e o percurso da história. O batismo nos alinha para tomarmos o caminho na companhia da Santíssima Trindade, tendo Maria como companheira, cuja maturidade é franqueada para os seguidores de Jesus Cristo e os santos, como boa referência para não perdermos a direção certa.

A marca indelével deixada pelo batismo nos configura, intrinsecamente, na essência da pertença da economia da salvação. É o que nos ilumina a teologia quando menciona o intercâmbio da espiritualidade natalina de que trataremos adiante, no Capítulo 5, sobre o ciclo do Natal.

> Por isso, pelo batismo, tornamo-nos herdeiros do céu; membros do corpo místico de Cristo e do povo de Deus; caminhantes da eternidade; filhos de Deus; irmãos de Jesus Cristo; templos da Trindade Santa; sintonizados com os outros sacramentos dos quais somos sujeitos; temos deveres e direitos de filhos; vivemos na esperança entre as coisas que passam a caminho daquelas que não passam; caminhamos na terra como viajantes da eternidade; podemos chamar Deus de *Pai nosso*; sabemos que podemos dizer: "já não sou eu que vivo, mas é Cristo que vive em mim"; ouvirmos a voz do Pai dizer: "Tu és meu filho, Eu hoje te gerei"; somos da família dos Santos; estamos com Maria em uma madura parceria; combatemos o bom combate; somos discípulos missionários; abraçamos a cruz com Jesus na certeza de nossa futura ressurreição; sentimos um perene clima de festa pascal na adulta fé cristã; renascemos para as coisas do alto a cada momento, tendo como referência a rica comunicação pedagógica da cruz: em sua direção vertical, voltados para Deus, e em sua direção horizontal, segurando o irmão.

Renunciar a Cristo significa recair nas trevas mais obscuras e pactuar com o pecado. A palavra de Deus, que é luz que jamais se apaga, oferece-nos a espetacular verdade quando diz:

> Outrora éreis trevas, mas agora sois luz no Senhor. Vireis como filhos da luz. E o fruto da luz chama-se: bondade, justiça, verdade. Discerni o que agrada ao Senhor. Não vos associeis às obras das trevas, que não levam a nada; antes, desmascarai-as [...]. É por isso que se diz: Desperta, tu que dormes, levanta-te dentre os mortos e sobre ti Cristo resplandecerá. (Bíblia, 2006, Ef 5,8-11.14)

Retomando um pouco mais o encontro de Jesus, luz verdadeira, com o cego de nascença que jamais tinha visto a luz do sol, no diálogo com o Senhor, ele acaba não só recuperando a visão pelos olhos, mas também a luz da fé pela atitude testemunhal. Também o cristão é iluminado na celebração da fé pelo batismo. Nos primeiros séculos, os cristãos eram chamados de *iluminados*.

Hoje, na celebração do batismo, o pai ou o padrinho acende uma vela no círio pascal, e o ministro vai dizendo: "Queridas crianças, vocês foram iluminados por Cristo para se tornarem luz do mundo. Com a ajuda de seus pais e padrinhos caminhem como filhos e filhas da luz" (Sagrada..., 1999, p. 77); ou, se é adulto, a vela lhe é entregue pelo padrinho ou pela madrinha, e o sacerdote diz: "Deus te tornou luz em Cristo. Caminha sempre como filho da luz, para que, perseverando na fé, possas ir ao encontro do Senhor com todos os Santos no reino celeste" (Sagrada..., 2003, p. 201).

A luz da fé acesa em cada batizado torna-se o grande referencial de nosso peregrinar terreno. Ela é que nos faz ver Jesus em todas as circunstâncias, inclusive nas difíceis da vida, e ver o outro como irmão, pela filiação divina. Jesus assume totalmente essa intrínseca condição de ser Ele a verdadeira luz: "Eu sou a luz do mundo; aquele que me segue terá a luz da vida" (Bíblia, 2019, Jo 8,12). O seguimento de Jesus torna-se facilitado por ser Ele mesmo a luz verdadeira que nos posiciona no caminho certo. Esse caminho é o próprio Jesus que nos leva ao encontro da verdade plena.

Na simplicidade do toque nos olhos do cego de nascença, estão a recuperação da visão e a iluminação iniciada pela fé. Deus, hoje, continua nos tocando por Jesus e no Espírito Santo, por meio do batismo para os não batizados e, para os batizados, continua tocando mediante outros sacramentos, conferindo-nos ou aumentando a claridade de nossas virtudes.

Segundo Tertuliano, do século II, lava-se a carne para que a alma seja purificada; unge-se a carne para que a alma seja consagrada; cerca-se a carne para que a alma seja protegida; a carne recebe a imposição das mãos para que a alma seja iluminada pelo espírito; a carne nutre-se do corpo e do sangue de Cristo, para que a alma se alimente de Deus; e, ainda, a carne é tocada, e os pecados são perdoados. A carne é atingida pela aliança, e o desejo de uma vida a dois, no amor recíproco, acontece (Nocent, 1989).

> Desse modo, podemos e devemos entender os sacramentos da seguinte maneira: no **batismo**, participamos da morte e ressurreição do Senhor; na **confirmação**, participamos do mistério de Pentecostes, recebendo os dons do Espírito Santo; na **eucaristia**, entramos em todo mistério de Cristo, em um perene acontecimento pascal; na **Penitência**, o encontro com o Cristo que perdoa e a misericórdia superando a miséria; no **matrimônio**, a compromissada aliança com Cristo e a Igreja; na **ordem**, o pacto livre com o Cristo servidor; e na **unção dos enfermos**, o abraço da cruz e com Cristo, que cura, alivia e perdoa. E toda essa maravilha realiza-se por estar ligada diretamente à graça batismal.

É o batismo que nos faculta a participação nos outros sacramentos, exceto o matrimônio, em que, havendo a dispensa do impedimento, chamado de *disparidade de culto*, contrai-se o sacramento validamente. Dispensa de disparidade de culto é o fato de uma pessoa validamente batizada contrair o sacramento do matrimônio com outra pessoa não batizada, após a Igreja dispensar o impedimento.

Pelo batismo, tornamo-nos sacerdotes, profetas e reis. A partir do batismo, nós nos configuramos a Cristo Sacerdote, Profeta e Rei. É muito sério esse nome dado aos seguidores de Cristo, no início da era cristã, na cidade de Antioquia.

A água que nos lava rompe com nossa cegueira e passamos, pela fé, a enxergar as maravilhas da gratuidade divina. Essa reflexão foi possível porque a quaresma nos trouxe, no terceiro e no quarto domingo do ano A, os Evangelhos da samaritana e do cego de nascença.

No quinto domingo da quaresma, com o Evangelho da ressurreição de Lázaro, somos conduzidos à vida plena pela fé em Jesus Cristo. Quaresma é o tempo de despertamos do sono, assumindo uma vida de maior autenticidade com Jesus, a verdadeira vida. O diálogo da mulher Marta, irmã de Lázaro que morrera, coloca-nos em sintonia direta com essa realidade demasiadamente bela, como veremos:

> Marta disse a Jesus: "Senhor, se tivesses estado aqui, meu irmão não teria morrido! Mas sei também, agora, que tudo que pedires a Deus, Deus te concederá". Disse-lhe Jesus: "Teu irmão ressurgirá". Respondeu-lhe Marta: "Sei que há de ressurgir na ressurreição no último dia". Disse-lhe Jesus: "Eu sou a ressurreição e a vida. Aquele que crê em mim, ainda que esteja morto, viverá. E todo aquele que vive e crê em mim, jamais morrerá." (Bíblia, 2019, Jo 11,21-26)

A sabedoria da espiritualidade quaresmal atinge profundamente o caminho para a Páscoa, tempo de vida nova, proporcionando uma reflexão muito madura: sendo a quaresma o grande retiro para a vital celebração pascal, e o batismo aquilo que nos coloca inseridos no corpo de Cristo, a verdadeira vida abre para nós, seres inteligentes, a fácil conclusão de uma urgente necessidade da utilização de esforços sérios para uma real conversão. E a conversão está ligada diretamente à questão mais fundamental de cada pessoa: a vida. Qualquer mudança na busca do bem confere e resolve nosso maior anseio, que é uma vida de felicidade. Cristo é a ressurreição para nossa vida.

A exemplo do que Cristo realizou em Lázaro, no nosso batismo, as ataduras do pecado que nos amarravam caem pela voz da Igreja orante com Cristo. A oração da Igreja nos restitui a vida da graça pelo banho batismal, que é sinal da realização da nova criação e da nova aliança. É a vitória de cada pessoa batizada, bem como de toda história, que não caminha para se desfazer na morte, mas para se refazer e viver plenamente na ressurreição final.

Esse quinto domingo conclui um ciclo batismal muito denso de ensinamentos: Cristo, água viva para nossa sede; Cristo, luz para as nossas trevas; e Cristo, a ressurreição dos mortos. Em Cristo, não podemos pensar que haja, por menor que seja, uma parcela que não conduza à ressurreição. É por isso que o apóstolo ensina: "se, porém, Cristo está em vós, embora vosso corpo esteja ferido de morte por causa do pecado, vosso espírito está cheio de vida, graças à justiça" (Bíblia, 2006, Rm 8,10). Nunca há parcialidade da graça que nos é conferida, somente totalidade e plenitude.

4.2 A quaresma e seus aspectos fundamentais

O tempo da quaresma começa com a ordem de Jesus Cristo, transmitida pela Igreja na quarta-feira de cinzas: "convertei-vos e crede no evangelho" (Bíblia, 2006, Mc 1,15). A conversão é critério para vivermos na graça do batismo. A visão clara do cristão é saber que a conversão precisa ser procurada incansavelmente, pois trata-se de um processo que não chega ao fim enquanto estivermos peregrinando para o céu. A consciência de nossos limites reveste-se de profunda abertura para a ação da graça, que é dom gratuito, mas requer nossa adesão para um humilde reconhecimento de nossas infidelidades à aliança batismal e à morte libertadora de Jesus Cristo.

> A vivência quaresmal na busca da derrota de nossos pecados é critério e caminho seguro para garantir participação adequada e receber os frutos da celebração da Páscoa. O grande suporte para atingir o necessário progresso está na Igreja, que, em sua pedagogia, abre-se à pregação de Cristo, acompanha sua vida pública e de sua escola nos fez discípulos atentos para, com Jesus, subirmos a Jerusalém, com Ele morrermos e, com Ele, ressuscitarmos na Páscoa.

Nesse caminho, estão vários auxílios indispensáveis que, fatalmente, nos conduzirão à conversão, que é a principal expressão e a finalidade da quaresma: a oração como uma comunicação segura e sincera com Deus, com o próximo e para o mundo, comportando um grande *sim* de louvor, de ação de graças, de arrependimento das misérias e submissão à vontade de Deus de quem parte a iniciativa do amor.

No exercício da oração, cada pessoa e todas as pessoas cultivam seu relacionamento de filhos com Deus que se revela como Pai. Nosso primeiro modelo de oração é Jesus Cristo, que reza, que ensina a rezar e que nos manda rezar.

Evocando o Cristo orante, a Igreja torna-se o prolongamento da presença de Cristo entre os homens e, dessa forma, vai realizando a expressão máxima de conversão, e é muito forte essa pedagogia que nos leva à santidade. O homem que descobre a oração e faz dela um uso contínuo e consciente progride em sua realização humana e espiritual. Saber se colocar de joelhos é começo para se tornar grande diante de Deus. É atitude simbólica de quem é pequeno diante do máximo, que é Deus, fim supremo de nossa existência.

O mestre Jesus, mesmo sendo Deus, utiliza sua humanidade para sempre se dirigir ao Pai, mediante inúmeras oportunidades de oração. No nascimento de Jesus, "um anjo e uma multidão da corte celeste cantaram louvores a Deus, dizendo: glória a Deus no mais alto dos céus, e paz na terra aos homens por ele amados" (Bíblia, 2006, Lc 2,13-14). A notícia do nascimento de Jesus foi dada com um canto de louvor a Deus, e na cruz, morrendo, Jesus rezou: "Pai, em tuas mãos entrego o meu espírito" (Bíblia, 2006, Lc 23,46).

Nossa exposição, até aqui, procurou mostrar a grandiosidade da oração e sua insubstituível importância, tendo como referência a pessoa de Jesus que rezou, ensinou a rezar e mandou que seus seguidores assim procedessem. A partir daqui, vamos caminhar com a Igreja mestra, geradora e protagonista incessante da oração. Ela tem, na liturgia, seus momentos máximos de oração.

A Igreja reza, celebra e preside continuamente a oração. Isso é tão visível que os templos, chamados *igrejas*, são os lugares de oração. A Igreja entra em oração na administração dos sacramentos, mormente da eucaristia, dos sacramentais e da Liturgia das Horas. Reza e ensina a rezar nas diversas modalidades da piedade popular. A oração da Igreja não esgota, porque a oração é alimento de que os discípulos missionários de Cristo precisam sempre. Temos notícia, no decorrer dos séculos e até hoje, que muitas ordens e comunidades religiosas se sustentaram de intensa vida de oração, e, como membros do mesmo corpo, beneficiam e alimentam todos os outros membros que formam o mesmo corpo.

É pertinente lembrar que todas as ações celebrativas da Igreja centralizam-se no Mistério Pascal de Jesus Cristo. O povo de Deus, em suas diversas modalidades da piedade popular, unido em estreita comunhão com a Igreja, é portador da luz eterna de Jesus ressuscitado, sendo, portanto, porção santificadora dessa Igreja, comunidade de fé, esperança e amor.

A quaresma, tempo forte de oração e penitência, alimenta-se todos os dias da Liturgia das Horas, expressão oficial, orante e santificadora do povo de Deus a caminho. Quando mencionamos o tríduo pascal, destacamos que, na sexta-feira santa e no sábado santo, quando não se celebra a eucaristia, a Igreja tem, na Liturgia das Horas, seu alimento substancioso na espera da ressurreição do Senhor. A Igreja reza com a Liturgia das Horas glorificando o Pai, por Cristo e no Espírito Santo, durante as 24 horas.

O que é e por que se chama *Liturgia das Horas*? É o que procuraremos apresentar, no contexto da exposição sobre o tempo da quaresma, que tem na oração um forte pilar sustentador desse tempo favorável e de libertação por ser tempo de conversão. O hino das vésperas dos domingos da quaresma dá a tonalidade desse tempo: "Que o tempo da Quaresma nos leve à santidade, e assim louvar possamos a glória da Trindade" (Liturgia das Horas, 1995b, p. 33). E mais: "Por Vossa graça, perdoai as nossas culpas do passado; contra as futuras protegei-nos, manso Jesus Pastor amado" (Liturgia das Horas, 1995b, p. 34).

Durante o dia, sob a luz solar, a Igreja celebra a luz pascal. E quando a noite chega, a Igreja, pela oração das Completas ou pelo ofício das Leituras, clareia nossa vida de iluminados pela luz pascal. Essa realidade está proposta pela própria palavra de Deus, quando disse: "Eu, porém, invoco a Deus e o Senhor me salva, de manhã, ao meio dia e de tarde eu me queixo gemendo" (Bíblia, 2006, Sl 55,17-18). De manhã, ao romper do dia, a Igreja nos oferece a oração das Laudes. É a nossa primeira sintonia com o Deus criador, pela noite que se passou, por nossa vida conservada e, sobretudo, a consagração dos primeiros movimentos de nossa alma e de nossa mente, fazendo com que nos ocupemos, primeiramente, com o Pai e com o irmão que encontramos durante o dia.

Nessa oração, também acontece o grande memorial da ressurreição de Jesus, pois entramos em sintonia e celebramos a vitória da vida sobre a morte e a recriação. "Desde a manhã, ó Deus, te apresento a minha oferenda e fico à tua espera" (Bíblia, 2006, Sl 5,4); um hino das Laudes dá respaldo poético que define muito bem o que escrevemos:

> o nascer deste dia convida a cantarmos os vossos louvores. Do céu jorra uma paz envolvente, harmonia de luz e de cores. Ao clarão desta luz que renasce, fuja a treva e se apague a ilusão. A discórdia não trema nos lábios, a maldade não turve a razão. Quando o sol vai tecendo este dia, brilha a fé com igual claridade, cresça a espera nos bens prometidos e nos una uma só caridade. (Liturgia das Horas, 1995c, p. 1.093)

Assim, é possível afirmar que o cristianismo tem, na oração, suporte de sustentação muito forte; a tradição de Israel forneceu modelos de oração e, em Jesus Cristo, o povo da Nova Aliança encontrou a mais alta inspiração e a pedagogia para se tornar um povo de oração. A Liturgia das Horas, luz contínua de cada dia, tem na eucaristia sua identidade máxima, e é Jesus que reza por meio da Igreja.

A grande presença dos Salmos, na Liturgia das Horas, é extremamente significativa, porque os Salmos atingem nossas necessidades e expressam todas as situações, como, por exemplo: alegrias, dores, sofrimentos, pecados, agradecimentos e ação de graças, lutos e abandonos. Os Salmos expressam todos esses sentimentos. Assim determina o livro sagrado: "Entoem em vossos corações salmos, hinos e cânticos espirituais" (Bíblia, 2006, Cl 3,16). Por meio dos salmos, a Igreja "canta diante de Deus" (IGLH, 1994, n. 100). Salmodiar é poder sorrir, chorar, reclamar, lamentar, gritar de alegria, agradecer, pedir, reconhecer as misérias, confiar e lamentar, colocando todas essas nossas reações em Deus. Os Salmos são "esplêndidos poemas que os autores sagrados, do Antigo Testamento, compuseram sob inspiração do Espírito Santo" (IGLH, 1994, n. 100).

A espiritualidade da quaresma beneficia-se ricamente das maravilhas contidas nos Salmos e em outros elementos que constituem a oração da Liturgia das Horas, com a qual a Igreja consagra todas as horas do dia e da noite, levando em consideração o fuso horário. No percurso do dia, quando as preocupações, suores e cansaços podem ser frequentes, a mãe Igreja faz sintonia com a oração, na denominada *hora média*, com o apelo à penitência e a tudo celebra com o ofício próprio para essas horas. Sob a luz do dia, a luz do Senhor vai iluminando as possíveis trevas das preocupações motivadas por nossas limitações. Todos os trabalhos, lutas e esforços, alegrias e decepções seriam os promotores da cultura da desesperança, caso não sintonizássemos todo o nosso ser em Deus através da oração.

Quando a tarde chega, pode vir trazendo, senão as marcas sofridas do dia, as marcas do cansaço. É momento de fazer memória dos momentos de total doação de Jesus Cristo, por sua morte na cruz. A oração da tarde ou vésperas celebra exatamente esse acontecimento salvífico, juntamente a tudo aquilo que o dia nos proporcionou, inclusive os pecados. A luz do dia vai desaparecendo, e a noite se aproxima, mas a luz divina clareará nosso interior pela oração, que é luz. A escuridão chega, mas a esperança do amanhã, que há de vir, invadirá nossa vida, nessas próximas horas, aguardando o sol nascer quando a noite passar. E assim rezamos: "se o pôr do sol nos trouxe as trevas, outro sol fulge, coruscante, e envolve até os próprios anjos com o seu brilho radiante" (Liturgia das Horas, 1995c, p. 1.065).

À noite, quando se acende a luz artificial, rezamos o ofício das Completas, ou oração de noite. O ofício das Leituras, caso não tenha sido feito durante o dia, pode ser realizado a qualquer hora e, assim, estaremos sintonizados com a Santíssima Trindade, e nosso corpo, também dormindo, continua sendo portador da luz pascal. A oração abre espaço para termos a companhia do Pai, do Filho e do Espírito Santo e sermos morada da Trindade Santa.

O tempo da quaresma, portanto, como tempo de intensa e frequente oração tem na Liturgia das Horas magnífico meio para que sua finalidade seja realizada, isto é, o de ser responsável para a preparação da Páscoa e íntimo alimento da fé batismal para os batizados e preparação próxima para os catecúmenos que receberão os sacramentos de iniciação à vida cristã na vigília pascal.

Nossa apresentação ocupa-se mais com os cinco domingos, principalmente, e as cinco semanas da quaresma pelo fato de havermos, nos enunciados e capítulos anteriores, abordado o sexto domingo, quando se celebra a entrada de Jesus em Jerusalém até a quinta-feira santa, quando se encerra o tempo quaresmal. Buscamos centrar nossa apresentação trazendo as grandes motivações desses domingos, que, à luz das riquezas da Palavra de Deus, com destaque para os Evangelhos, trazem todo o percurso desse tempo pelos itinerários presentes no lecionário dominical, bem como a eucologia do Missal. Recordamos que os três itinerários estão muito bem elaborados e conduzidos mediante os três temas de cada ano, como veremos a seguir: o ano A, que mencionamos, com certa exaustão, quando tratamos das presenças iluminadoras e indispensáveis da água, da luz e da vida, por ser esse ciclo ligado e destinado ao catecumenato e um fio condutor fundamentalmente pascoal. É bem verdade que o tempo da quaresma, seja no ano A, seja no B ou no C, tem as mesmas finalidades, mas cada um com sua referência e iluminação própria.

O **ano A** é detentor da essência catecumenal em que a iniciação à vida cristã dos adultos encontra seu desenvolvimento e os pilares de sustentação e, por ser a quaresma destinada a esse avivamento da fé batismal, lugar e tempo oportunos para a acolhida dos acontecimentos, isto é, das pessoas que começam a preparação para os sacramentos da iniciação cristã, a liturgia dos terceiro, quarto e quinto domingos poderá ser a mesma desse ano, mesmo quando a celebração dominical seja dos anos B e C. O penúltimo período do caminho catecumenal, que é a iluminação, é o mais adequado para acolher essa realidade.

O ciclo do **ano B** tem como finalidade ressaltar e trazer para a liturgia própria deste tempo a pessoa de Jesus Cristo, já que ressalta a reconstrução da Aliança interrompida pelo pecado, e Jesus, por sua vida, morte, ressurreição e ascensão, faz essa reconstrução. É, portanto, um ciclo de uma quaresma cristocêntrica. É muito denso o forte apelo no aprofundamento do tema sobre a penitência, a fim de que os batizados e os catecúmenos possam estar muito preparados para a grande festa do batismo na vigília pascal e na pessoa de Cristo, onde está todo o embasamento pelo qual isso possa acontecer.

O ciclo do **ano C** encontra sua pedagogia celebrativa na apresentação de uma quaresma penitencial. Como nos dois ciclos anteriores, que trazem a tentação de Jesus presente nos dois primeiros domingos, a luta do cristão contra a tentação e o pecado e sua busca de superação são a norma fundamental da vida, a exemplo de Cristo, que só tem seu real significado à luz da ressurreição.

> A quaresma precisa ser vivida como uma grande escola de purificação e iluminação em vista do objetivo desafiador que é a conversão, mudança de vida: a grande *metanoia*. Esse é o verdadeiro conteúdo da espiritualidade quaresmal/batismal, que não pode ser vista como simples exortação a uma radical abertura dialogal com Deus e com o próximo. É o reconhecimento e a acolhida do amor gratuito de Deus em sua iniciativa repleta de ternura.

No caminho em busca da conversão, encontramos setas, alimentos, companhia, motivações e tantas outras ajudas, que passaremos a descrever a seguir: a escuta, o contato e a intimidade com a santa Palavra de Deus, que nos ajudarão a perceber o estrago que o pecado realiza, atrapalhando-nos na misteriosa relação verdadeiramente nupcial entre Deus e todos os seres humanos. A espiritualidade quaresmal alimentada e motivada pela escuta sincera da Palavra torna-se mais realidade quando colocamos o Senhor em nosso meio pela presença da Palavra. Nossa relação interpessoal com Deus vai se intensificando e, certamente, a consciência do mal praticado é reconhecida.

A consciência do mal praticado é critério para nos desvencilharmos dele, conforme a palavra do Salmo: "Tende piedade, ó meu Deus, misericórdia [...] Eu reconheço toda a minha iniquidade, o meu pecado está sempre à minha frente. Foi contra vós, só contra vós, que eu pequei, e pratiquei o que é mau aos vossos olhos" (Bíblia, 2006, Sl 50,3-6). A verdadeira conversão, sem uma consciência clara do erro praticado, como grave ruptura, ruptura da amizade com Deus e com os irmãos e impossibilidade de convivência com o dom da graça, vai ficando muito distanciada, sem muita esperança de ser realizada. É um caminho que precisa ser percorrido continuamente e que necessita ser retomado quando é interrompido.

A abertura para a conversão é critério para deixarmos a ação divina agir em nós. Tomemos, por exemplo, o filho perdido e reencontrado do Evangelho (Bíblia, 2019, Lc 15,11-32). A iniciativa de deixar a casa paterna, deixar a companhia do pai e partir é do filho. Somos seres dotados de inteligência, razão e vontade. Essas potencialidades nos fornecem capacidades para gerenciar nossas opções e meios para executá-las.

O bem tem sempre a iniciativa divina. O fechamento para o pecado tem uma abertura unilateral, e o egoísmo se assenhora da ação.

Na narrativa do filho pródigo, o pai respeita a decisão e faz do silêncio seu grande companheiro. Entregue à própria sorte, o filho segue para um lugar distante. Ficamos sempre longe, muito longe, quando nos fechamos à bondade e à companhia de Deus. Há sempre espaço nos braços do Pai, também para os grandes infratores dos bons costumes e da moral, quando eles querem a proximidade de Deus. A entrega dos bens terrenos e fazer deles o centro de comunicação com a vida é perigosa e arriscada. O certo é nos servirmos dos bens passageiros como meios para atingir os bens que não passam, e estes últimos só se encontram em Deus. Nesse estado, a solidão é inevitável, ainda que estejamos em companhia de outras pessoas que não nos satisfazem, porque não existem laços de afeto. Na casa de Deus somos irmãos e podemos chamar uns e outros pelo nome. O pecado é assim: deixamos a companhia de Deus, saímos em busca de respostas e alimentos que jamais nos colocam em sintonia com a paz, a alegria e a felicidade. O pecado bloqueia as estradas e os canais de nossa consciência, de nosso afeto, e começamos a ter fome, a exemplo do filho pródigo da parábola de Jesus: fome da graça divina, fome de um coração em paz e, por vezes, a fome da eucaristia. Podemos até sentir saudades de Deus, o que já é positivo, mas o abatimento pelo pecado, ainda dele não arrependido, vamos adiando o retorno para seguir ao encontro do Pai celeste.

> Somos seres dotados de inteligência, razão e vontade. Essas potencialidades nos fornecem capacidades para gerenciar nossas opções e meios para executá-las.

Com a chegada da quaresma, vem com ela o momento adequado para o retorno. Converter-se é ter a coragem de mudar de atitudes e de ações, quando estas nos colocam em situação tão lastimável que se percebe a sensação da companhia de porcos. Vivemos a quaresma quando nos abrimos à conversão, que não tem duração de períodos, mas de toda a vida.

O Pai do céu não quer nossa morte, mas que nos convertamos para viver com ele. A conversão é um processo contínuo que afeta magistralmente nossa vida.

A quaresma não esgota o processo, porém, ela nos proporciona não apenas um recomeço, mas também dá raízes e alimentos para avanços que, muito ou pouco, vão durar. A responsabilidade é nossa, e não contamos somente com nossas forças; contamos, ainda, com os favores de Deus, mediante a constante solicitude da mãe Igreja que nos fornece substratos permanentes, mantenedores de nosso comportamento verdadeiramente de filhos, que fazem uso dos favores de Deus e não trocam a casa paterna por aventuras, como fez o filho da narrativa do Evangelho.

O tempo quaresmal é o tempo favorável para um sério exercício de exame de consciência, para tomarmos outro caminho que nos levará a um maior encontro com Deus. Assim fez o filho que estava em terras distantes. Na casa de Deus, isto é, em qualquer lugar onde não resida o mal, é o nosso lugar, pois, com Deus, sentimo-nos alimentados. Sem Deus, o distanciamento da correspondência do amor gratuito nos fará muito mal. Em Deus está o princípio, o meio e o fim em que se encontra o verdadeiro amor, muitas vezes interrompido por nossas iniciativas recheadas de egoísmo, insensatez e desligamento do tronco. É Jesus que nos mantém seguros pela força do Espírito Santo.

Quando chega a quaresma, é preciso que venha também o reconhecimento da necessidade de tomarmos o **caminho de volta**. O pecado leva para longe da verdadeira felicidade a quem o escolhe, para lhe fazer companhia na atitude centrada na própria fragilidade de não se despojar do homem velho que representa o estado de pecado. O filho pródigo, depois de ouvir a própria consciência, decidiu tomar o caminho de volta para a companhia do pai. O tempo quaresmal sinaliza e nos dá o necessário para irmos ao encontro do Pai do céu e recebermos o aconchego no lar que nos foi franqueado no dia do batismo.

Quanto ao Pai de todas as graças, Ele permanece à nossa espera. Quando voltamos de nosso exílio, onde não nos alimentamos direito do amor que preenche nossas carências, Ele não pergunta nada nem nos repreende: Ele nos ama com o amor maior, porque conhecer nosso desejo de recuperação do amor que desprezamos. Foi assim a atitude do filho mais novo, personagem central que se configura em cada pessoa e em todas as pessoas que saem do convívio de Deus pelas faltas cometidas.

O caminho de volta se realiza, mas precisa ser muito bem sinalizado por um coração contrito e humilhado, que se encontra permeado de arrependimento, de dor pelo mal praticado e do desejo de não voltar atrás. Voltar atrás para nos revestir novamente da veste batismal, símbolo da graça, é atitude concreta de conversão e mudança de vida. Saber voltar atrás é conjugar fé e razão, consciência e afeto e tomar o caminho da Páscoa, isto é, da passagem do pecado para a graça.

Para Deus, não existe distância, porque ele é onipresente. Ele nos vê onde quer que estejamos. Estamos sempre longe quando nos afastamos de Deus pelo pecado, que é capaz de nos levar a procurar um esconderijo. Pecar é querer se esconder de Deus (Bíblia, 2019, Gn 3,8) e se esconder de Deus é morar no abismo. Querer esconder-se de Deus é o percurso para a cultura das trevas, é distanciar-se da luz que nos faz ver o caminho. Quaresma é o caminho para a luz e tempo de romper com as trevas.

Esse tempo de graças nos impulsiona a começarmos logo a caminhada. Não podemos esperar mais. Esse é o tempo de salvação. É hora de despertar do sono (Bíblia, 2019, Rm 13,11). A noite já vai passando, e o dia do Senhor, isto é, a nossa salvação nos aguarda. Não há esperança de chegada para quem não decidiu começar a viagem. A lembrança do povo judeu, nas luminosas páginas do livro do Êxodo, fará muito bem àqueles que precisam começar logo a viagem de volta. Quaresma é o nosso período de êxodo: saída de uma situação de escravidão – pecado é escravidão – para a vida de amizade com Deus e os irmãos.

O caminho quaresmal, a exemplo dos judeus, é caminho de penitência, sacrifício, mortificação, esforço e coragem. Não podemos andar na companhia da desconfiança, do medo e da solidão. Afinal, o Pai nos aguarda, cheio de compaixão, para nos abraçar e nos beijar, como na narrativa do filho pródigo. A roupa melhor nos será vestida; é o revestir-se da graça. A memória da veste batismal acontece. Aquele rapaz que cuidava dos porcos se vê vestido da melhor túnica. Ao ser colocado o anel no dedo, que é o símbolo e a certeza de que Deus é fiel, mesmo diante de nossas infidelidades, começava um novo tempo para que aquele filho recomeçasse a fidelidade perdida.

É um pacto perene da gratuidade divina. Há, no sacramento do matrimônio, troca recíproca de alianças. É o sacramento da recíproca fidelidade; uma estrada de duas vias paralelas que se encontram em todos os sinais, cruzamentos e retornos, mas sempre indo adiante, proporcionando o progresso nas alegrias e nas tristezas.

Quando ficamos livres das feridas causadas pelo pecado, recebemos a proteção da graça, como os pés ficam protegidos pelas sandálias que os impedem de novas feridas e servem também de constantes precauções. Com a túnica nova, o anel no dedo e as sandálias nos pés, certamente, após um bom banho, aquela criatura que chega de longe, cansada, maltrapilha e temerosa, mas arrependida, torna-se uma nova criatura. É a consequência do retorno.

Em cada quaresma, caminhamos para a festa da nossa redenção. O Pai do céu nos envia seu Filho amado – que nada pede, mas se doa totalmente para resgatar os filhos de Deus, dispersos e desesperançosos. Essa festa é a celebração da Páscoa, na qual não há novilho gordo para os festejos, mas o cordeiro sem mancha, Jesus Cristo, que se dá em alimento nas espécies do pão e do vinho, fruto da terra e do trabalho humano oferecidos no altar da eucaristia. Essa festa é perene até o dia; quando terminar nosso tempo terreno e nossa história chegar ao fim, permaneceremos na festa do céu, para a qual todos somos convidados. Nessa festa, não haverá quem se sinta preterido e desvalorizado, a exemplo do irmão mais velho em relação ao irmão festejado.

Quando chegamos ao ponto de nos sentir infelizes porque nosso irmão está em festa, é urgente procurarmos meios para nos libertar de tal situação. A alegria do irmão não pode acarretar nossa tristeza. O irmão mais velho se negou até a reconhecer o outro como irmão e o chamou "esse teu filho". O pecado turva a mente e o coração, impedindo que tenhamos uma linha de raciocínio. Como chamar de *"teu filho"* o próprio irmão? Esse procedimento nos impedirá de rezar a oração do Pai-nosso. Não entramos na festa e não somos felizes quando bloqueados pelo desamor e pelo pecado, que nos levam ao rompimento com Deus e com o próximo.

> O Pai do céu nos quer todos como filhos, porque Ele é o Pai de todos e prepara a festa maior para os filhos que não podem ter uma festa. Certamente os mais pobres, os descartáveis da sociedade, os famintos, os mais maltratados e todos os que jamais puderam ter uma festa e viveram, sem nunca terem cometido crime, aprisionados e distantes, à margem da sociedade, trazendo as marcas incuráveis de erros, dos quais são mais vítimas do que sujeitos, terão festas em abundância.

Pecar é esbanjar as graças da filiação divina. É gastar os dons para saciarmos, muitas vezes, nossos próprios apetites. A quaresma nos proporciona fome e sede da santidade, conferindo-nos meios para a destruição das injustiças e para a construção ou a reconstrução de tantos favores perdidos. O pecado é um atentado à justiça de Deus e causa feridas no corpo místico do qual somos participantes. Pecar é fecharmo-nos à iniciativa de Deus e abrirmo-nos à entrada do mal.

O caminho quaresmal abre-se para novas chances e novas oportunidades. É dolorosa a certeza de não termos mais chances. É sofrida a expressão: "algo ou alguém não tem mais jeito". Todos os esforços foram esgotados. Quem não gostaria de escutar de alguém, depois de haver fracassado: "Vou lhe dar uma nova oportunidade. Volta depois para combinar o que podemos fazer por você?" Perder as chances equivale a ser companheiro da decepção e da tristeza. A nova oportunidade renova nosso entusiasmo, fortalece nosso bom-humor e alimenta nossa esperança. Perder a esperança é não desejar que o dia de amanhã aconteça. Conferir nova chance é proporcionar às pessoas sadias expectativas e aumentar nelas maior alegria de viver.

Deus sempre nos proporciona novas chances. Quando acordamos de manhã, as chances nos são concedidas, e é assim a vida toda. Viver é uma grande chance maravilhosa. Contudo, a cada ano, pela Páscoa anual, o Senhor Jesus renova conosco a Aliança de amor que Ele nos trouxe por sua morte e ressurreição e, para tal, a quaresma torna-se critério indispensável para aplicar na vida o que celebramos na Páscoa.

A pessoa de Jesus Cristo é o referencial máximo, conforme veremos a seguir, por ser Ele "a ressurreição e a vida" (Bíblia, 2019, Jo 11,25); o grão de trigo que morre para produzir muito fruto (Bíblia, 2019, Jo 12,24); o caminho e a vida para quem quer segui-lO, renunciando à própria vida neste mundo, a fim de conservá-la para a vida eterna (Bíblia, 2019, Jo 12,25); água viva, cuja fonte jorra para a vida eterna (Bíblia, 2019, Jo 4,14); "ele vai transformar o nosso corpo miserável, tornando-o semelhante ao seu corpo glorioso, graças ao poder que ele possui de submeter a si todas as coisas" (Bíblia, 2006, Ef 3,21; cf. também Bíblia, 2019, Fl 3,8-14); "aquele de fato que nada tinha a ver com o pecado, Deus o fez pecado por causa de nós, a fim de que por meio dele sejamos reabilitados por Deus" (Bíblia, 2006, 2Cor 5,21; cf. também Bergamini, 1994).

O seguimento de Jesus exige de nós um comportamento que, pelo menos, assemelhe-se ao dEle. Eis o grande desafio.

A sociedade parece não aceitar atitudes penitenciais e de mortificações que se contrapõem totalmente à busca de comodidades, do prazer e da ganância. Parece que a busca pelo *ter* gera mais esforço para se ter ainda mais. O ter é exigente e traz a necessidade de oração que não é muito compatível com a sociedade consumista. A busca do *ser* exige um comportamento de abertura e de preocupação para com Deus e para com o irmão.

Aquele que não se educa para essa **realidade construtora** de cada pessoa vai corrompendo-se e desgastando-se, perdendo o próprio referencial. Nesse sentido, a quaresma é a grande pedagoga que a liturgia da Igreja traz e celebra conosco. É tempo de reestruturação, recuperação, reencontro, redescoberta, retratação, revisão e novas chances; reestruturação e reparação das virtudes que foram atingidas por nossas inconstâncias e fragilidades; reencontro forte, sincero e amoroso com o Pai do céu; reencontro que, por vezes, vai tornando-se frio, motivado por nossas molezas e apatias; redescoberta do amor sem limite de Deus por nós e retratação humilde das feridas e sofrimento que provocamos em nossos irmãos e no coração amado de Jesus; retratação de quem não sabe se retratar nem pedir perdão, o que dificulta o perdão, quando dele necessitar; revisão de nossos comportamentos mediante um sério balancete humilde de tudo que temos feito; memorial e revisão do próprio comportamento com a proposta e o desejo de correção, como exercícios quaresmais muito recomendáveis. Afinal, esse é o tempo de novas chances, e chances nunca devem ser negligenciadas e perdidas. É dom que a mãe Igreja nos dá e celebra conosco na grande pedagogia da liturgia.

No passado, não foi sem motivo quando cantamos: "eis o tempo de conversão; eis o dia de salvação" (Weber, 2017). E a santa Palavra de Deus determina: "Já é hora de despertar do sono. A salvação está mais perto de nós do que quando abraçamos a fé. A noite vai adiantada e o dia vem chegando. Despojemo-nos das obras das trevas e vistamo-no das armas da luz" (Bíblia, 2006, Rm 13,11-12).

Não é essa, porventura, a palpável realidade que chega até nós quando, na vigília pascal, empunhamos nossas velas acesas cuja claridade rompe as trevas?

4.3 Misericórdia e miséria: binômio quaresmal

A misericórdia e a miséria são realidades que perpassam nossa própria história e andam juntas, mas não são companheiras que se identificam e se parecem; pelo contrário. A primeira é atributo divino. É uma realidade permanente e ativa nas ações de Deus, que afeta o peregrinar humano com sua misericórdia, ao passo que o homem e a mulher invadem e convivem com a miséria – característica do ser humano – nessa mesma história. Em uma história, portanto, quando escrita pelo ser humano, são inevitáveis os erros e as inconsequências; mas, quando escrita por Deus, é só graça e fecundidade.

Como somos nós os encarregados da construção dessa história, jamais poderíamos pensar em cumprir essa missão sem a participação de Deus, porque Deus, o Senhor do tempo, sempre se serviu de nossas faculdades, de nossos anos, meses, dias, horas e minutos para criar ou dar continuidade à criação da humanidade como um todo e de todas as coisas. No tempo da história, fez o autor da passageira história:

o homem. E quando o homem serve-se da história de Deus para sua própria história, não levando em consideração o primado da eterna autoridade e onisciência divina, fracassa e perde o referencial primitivo: o estado de graça e de comunhão com o Criador.

O tempo de Deus é só de luz, mas o tempo do homem pode ser de treva. Assim sempre foi e sempre será enquanto as pessoas povoarem esta terra. Resta-nos a indiscutível realidade da constante e eterna misericórdia, que é sempre muito mais forte do que a miséria. A misericórdia é absoluta. O coração inconstante do ser humano bate confiante na sintonia e na ternura do coração divino-humano de Jesus Cristo, certo da cura que é sempre franqueada. O Senhor jamais tarda em sua misericórdia por nos conhecer melhor do que nós mesmos O conhecemos e nos conhecemos. Nossa segurança, com madura responsabilidade, é saber que Deus nos conhece.

Assim rezamos no Salmo 138 (Bíblia, 2006, Sl 138,1-8):

> Senhor, vós me perscrutais e me conheceis. Sabeis tudo de mim, quando me sento ou me levanto. De longe penetrais meus pensamentos. Quando ando e quando repouso, vós me vedes, observais todos os meus passos. A palavra ainda me não chegou à língua, e já, Senhor, a conheceis toda. Vós me cercais por trás e pela frente, e estendeis sobre mim a vossa mão. Conhecimento assim maravilhoso me ultrapassa, ele é tão sublime que não posso atingi-lo. Para onde irei, longe de vosso espírito? Para onde fugir, apartado de vosso olhar? Se subir até os céus, ali estareis; se descer à região dos mortos, lá vos encontrareis também.

Na estreita intimidade que vamos construindo paulatinamente, não podemos nos desvencilhar da Trindade Santa; sempre em sua companhia e intransferível assistência vão se desfazendo os estragos que a miséria provoca e vai se restabelecendo a madura parceria do coração humano inconsequente e titubeante com o coração de Jesus, intrinsecamente forte e no qual se encontram todas as nossas soluções.

Na compreensão da misericórdia, com a qual Deus nos acolhe e nos perdoa, estão presentes algumas atitudes que dependem de nós: a abertura para Deus e a acolhida do irmão. Não podemos exigir que a misericórdia esteja sempre à nossa disposição se não estivermos dispostos a entender a miséria do irmão. Nossas mãos, quando são levantadas para o céu, uma delas precisa procurar o irmão; nossos olhos podem não enxergar Deus se desconhecemos nosso irmão; nosso coração está em Deus quando bate em uníssono com o coração do irmão; todo nosso ser estará muito bem sintonizado com Deus se estiver conectado com a realidade do irmão. "Não podemos esquecer o caráter eclesial da Quaresma na medida em que é o tempo da grande convocação de todo o povo de Deus para que se deixe purificar e santificar por seu Salvador e Senhor. Nasce dessa riqueza teológica uma típica espiritualidade pascal e Batismal, penitencial eclesial" (Celam, 2007, p. 193).

A misericórdia nunca pode ser entendida como algo abstrato e subjetivo, doada sem nenhum preço. Da parte de Deus, tudo está na linha da gratuidade, cujo preço é nossa disposição também para a gratuidade. É preciso dar de graça o que gratuitamente recebemos (Bíblia, 2019, Mt 10,8).

A Igreja, na condição de comunidade de todos os batizados, fiel ao fundador, guia e mestra, precisa ser a casa onde o amor fraterno realiza, de maneira visível, os efeitos da misericórdia. Uma comunidade verdadeiramente eclesial, que não tem ações com visibilidade de ternura, alicerçada no amor que perdoa e esquece, é apenas um amontoado de pessoas sem conexão profunda com Deus, que é amor. Nossa própria miséria deve nos dimensionar na trajetória e na busca de nossa misericórdia, ou seja, a experiência de convivência com a nossa miséria terá valia para entender melhor a miséria alheia.

A quaresma já é um tempo especial da misericórdia. Esse tempo é um grande retiro para nos conferir a possibilidade de entrar em um profundo clima de oração e na escuta da santa Palavra de Deus. Esses dois pilares nos sustentarão para nosso grande esforço de conversão, utilizando os meios trazidos e oferecidos pela espiritualidade desse tempo, como a penitência, o jejum, a esmola e o grande esforço para a vivência da caridade, entre outros. A convivência e a certeza incontestes da existência de nossa miséria e da misericórdia podem nos levar a um patamar mais alto de **maturidade cristã**, que nos projetará em um alcance de horizontes seguros, iluminados pela Palavra de Deus: "onde, porém, se multiplicou o pecado, a graça transbordou" (Bíblia, 2006, Rm 5,20).

Deus nos ama por primeiro e, em sua misericórdia, vai ao nosso encontro em tempo e fora do tempo e até entra em nosso tempo, construindo conosco o tempo perene de graça. Entretanto, estabelece, pela Igreja, o tempo da quaresma como especial oportunidade para deixarmos que nossas misérias sejam destruídas na pedagógica vivência desse tempo. Dessa maneira, por nosso esforço, vamos percebendo que, na novidade do amor de Deus, nossas misérias vão dando lugar a uma festiva sintonia com Jesus em parceria com os irmãos, já podendo dizer: "Já não sou eu que vivo mas é Cristo que vive em mim" (Bíblia, 2006, Gl 2,20).

4.4 Reconciliação e penitência à luz da pedagogia pastoral e sacramental da Igreja

Quaresma é, antes de tudo, o tempo que nos é dado para mais estreitamente realizar o que a Escritura Sagrada nos diz: participamos dos sofrimentos de Cristo para participarmos também de sua glória (Bíblia, 2019, Rm 8,17). Com essa compreensão, podemos ver seu forte caráter sacramental, porque Cristo vem ao encontro da Igreja, sua esposa, e a purifica. "As obras penitenciais são o sinal da participação no mistério de Cristo que, por nossa causa, se faz penitente recorrendo ao jejum no deserto" (Dicionário..., 1992, p. 984).

A Igreja tem plena consciência de que é do próprio Senhor que vem a eficácia à penitência do povo de Deus a caminho do reino definitivo. A tarefa da Igreja, em sua pedagogia celebrativa, é fazer com que tudo o que externamente se celebra tenha endereço certo e possa realizar o que significa, isto é, apelo forte de conversão. Para a realização dessa missão, a Igreja apresenta a máxima motivação memorial de que a ressurreição de Cristo será também nossa ressurreição se não medirmos esforços na decretação da morte para os nossos pecados e, na morte de Jesus, morrermos para eles, por graça e obra do Espírito que dá vida conferida a nós em nosso batismo. Desse modo, toda a nossa vida vai tornando-se um sacrifício espiritual apresentado sem cessar ao Pai, em estreita união com o sacrifício de Jesus sofredor, manso e pobre, na certeza de que, por Ele, com Ele e nEle em tudo o Pai possa ser louvado, glorificado e amado.

No contexto do itinerário quaresmal, não podemos nos esquecer do sacramento da penitência e da reconciliação, mediante o qual, quando nos encontrarmos em situação de morte espiritual, seremos reintegrados, a exemplo do filho pródigo, ao seio da casa paterna pelos merecimentos da paixão, morte e ressurreição de Jesus. O Senhor Jesus Cristo, médico de nossas almas e de nossos corpos, Ele que remiu os pecados do paralítico e restituiu-lhe a saúde do corpo (Bíblia, 2019, Mc 2,1-12) conferiu à Igreja o poder de agir com a mesma intensidade e o mesmo poder de Jesus Cristo pela força do Espírito Santo. Os sacramentos da penitência e da unção dos enfermos realizam as maravilhas da cura e da salvação para os que os recebem.

O sacramento da penitência é essencialmente pascal, porque todos os que dEle se aproximam com plena convicção da cura, arrependidos e desejosos de passarem da morte do pecado para a vida de intimidade com Deus, obtêm da misericórdia divina o perdão por terem ofendido a Deus e à Igreja, corpo místico. A pascalidade desse sacramento pode e deve ser compreendida à luz da ressurreição de Jesus Cristo. A primeira aparição aos discípulos foi "ao anoitecer daquele dia, o primeiro da semana, os discípulos estavam reunidos por medo dos judeus. Jesus entrou, pôs-se no meio deles e disse: 'A paz esteja convosco'". Dito isso, mostrou-lhes as mãos e o lado. Os discípulos, então, se alegraram por verem o Senhor. Jesus disse, de novo: "A paz esteja convosco. Como o Pai me enviou também eu vos envio". Então, soprou sobre eles e falou: "Recebei o Espírito Santo. A quem perdoardes os pecados, serão perdoados; a quem os retiverdes, lhes serão retidos" (Bíblia, 2006, Jo 20,19-23).

O pecado nos coloca em um estado de noite, de escuridão. Jesus ressuscitado rompe as trevas do pecado, mas os discípulos se encontravam dominados pelo medo. Também Adão e Eva, no começo (Bíblia, 2019, Gn 3,8), esconderam-se do Senhor.

O pecado nos faz esconder, muitas vezes, atrás de falsos argumentos na tentativa de podermos encobrir os estragos que ele deixou. A graça nos encontra e atinge todo e qualquer esconderijo. Os discípulos poderiam esconder-se dos judeus, mas nunca de Jesus, que nos vê muito bem. Um coração que se arrepende e se humilha recebe um olhar misericordioso do Senhor, que vê nosso interior e nos confere a paz. A paz é fruto do perdão.

Jesus sabia muito bem que toda sua doação por nós, no máximo sacrifício da cruz, não eliminaria nossa tendência para o mal pela nossa condição de fragilidade. Confessar nossos pecados, no sacramento da penitência, que é o encontro com Deus e com os irmãos pela conversão, é mergulhar no manancial dom da graça, para nos encontrarmos com o Senhor vivo e ressuscitado. O pecado é sempre causa de desencontro a partir de nós; porém, quando aderimos à iniciativa de Deus, que vem ao nosso encontro e coloca-se em nosso meio, a paz acontece, porque houve o encontro com o perdão.

Esse sacramento é o dom divino na missão da Igreja. A Igreja é o sacramento por excelência, isto é, o sinal visível da salvação trazida por Jesus. O sopro divino, que é sinalizador do poder e da atuação do Espírito Santo, transporta-nos do distanciamento em que nos encontrávamos pelo pecado e nos coloca para celebrar a festa do amor gratuito conferido pelo perdão da Igreja.

A aparição de Jesus aconteceu no **primeiro dia da semana**, dia que nos é bastante familiar. Esse é o dia da Eucaristia, festa celebrada semanalmente que nos acena para trajarmos a veste batismal, sinal de ausência do pecado grave. Não podemos imaginar a participação em uma grande festa sem uma bonita roupa limpa, após um banho na água que lava e purifica. Lavados e purificados do pecado,

> Um coração que se arrepende e se humilha recebe um olhar misericordioso do Senhor, que vê nosso interior e nos confere a paz. A paz é fruto do perdão.

da imagem do que é sujo, entramos na comunidade sem medo, porque ali é, primeiramente, a festa da família de Deus da qual cada um é parte integrante. O encontro com Jesus vivo e ressuscitado é motivo de grande alegria, a exemplo dos discípulos que **se alegram por verem o Senhor**. O pecado é o grande causador de desencontros, por bloquear a ação da graça e provocar lepras, isto é, uma maneira impura contrastante com a beleza de nossa vocação à santidade.

Essa santidade ocorre quando somos perdoados pela ação amorosa de Deus mediante os sinais sensíveis e eficazes da mãe Igreja. O sacramento da reconciliação é o toque, o abraço e o beijo do Pai celeste no filho que retorna, conforme a doutrina da Igreja e seus ensinamentos. Isso acontece pela própria ação divina da misericórdia, que é trazida até nós por esse sacramento. Realiza-se nele o convite de Jesus à conversão (Bíblia, 2019, Mc 1,15), ao caminho de volta ao Pai (Bíblia, 2019, Lc 15,18) de quem a pessoa se afastou pelo pecado, que é um gesto muito grande de injustiça ao Deus da misericórdia, criando um profundo afastamento da comunhão com Ele, com a Igreja e com os irmãos (CIC, 1993, n. 1854-1858). Por isso a Igreja nos ensina que o sacramento da penitência e da reconciliação realiza em nós a reconciliação com a Igreja e com os irmãos; a remissão, pelo menos, em parte, das penas temporais deixadas pelo pecado; a paz e a serenidade de consciência; a consolação espiritual e o acréscimo de forças espirituais para o combate cristão (CIC, 1993, n. 1468-1470).

Os vários nomes desse sacramento dão a real dimensão de sua força e de suas maravilhas: sacramento da conversão. Não existem as eficácias próprias desse sacramento sem que haja um grande desejo de conversão: sacramento da penitência, por exigir um esforço para quem o recebe. Não é fácil o reconhecimento das próprias misérias e proceder a uma acusação de nós próprios. Tal atitude pode trazer sofrimento e vergonha; o sacramento da confissão, pela própria exigência de que o penitente relate com clareza as próprias misérias; sacramento do perdão, por nos perdoarmos pela autoridade da Igreja conferida pela paixão, morte e ressurreição de Jesus; sacramento da reconciliação, por oferecer ao pecador arrependido o amor misericordioso de Deus pelo qual ficará livre das próprias culpas.

Em sua condição de mãe e mestra, a Igreja nos oferece ajuda para alcançamos os efeitos desse sacramento. As condições são: a dor pelo pecado cometido e o propósito de não mais pecar, levados pelo arrependimento; o relato claro dos pecados, precedido de um sério exame de consciência, tendo sempre presente a misericórdia divina; a bondosa acolhida do Pai ao filho que retorna pela absolvição que destrói o pecado; e, por fim, a experiência da felicidade pela cura, por meio da qual nos tornamos novas criaturas, carregando em nós um novo coração.

O caminho penitencial quaresmal é muito sério, essencial e pertinente para todos que pretendem tirar o máximo proveito da celebração da Páscoa anual, que não é uma mera recordação passada; pelo contrário, é um acontecimento que se realiza no hoje de nossa história para dar a ela uma nova configuração. Somos os sujeitos da Páscoa de Jesus; porém, somos vítimas de nossos próprios limites, e o pecado é uma realidade constante em nossa vida. Temos as marcas da eternidade pelo dom da fé e da filiação divina que recebemos no batismo, mas temos a consciência de que "trazemos tesouros em vasos de argila" (Bíblia, 2006, 2Cor 4,7).

O Sacramento da penitência e da reconciliação nos recoloca na estrada certa e nos proporciona uma vida digna da vocação à santidade para a qual somos chamados. Esse sacramento, autêntico presente de Páscoa, porque foi instituído imediatamente à ressurreição de Jesus, jamais pode ser visto como uma ação rotineira, desprovida de exigências e seriedades. Quando chega a Semana Santa, não nos confessamos, porque é tempo da Semana Santa e de proximidade da Páscoa, mas para sermos santos na semana, no ano e na vida. Passada a Semana Santa, não vamos aguardar a Semana Santa do ano vindouro para uma nova reconciliação. A reconciliação é um ato perene e contínuo de quem quer se configurar a Jesus Cristo em cada momento da vida. Confissão sem um verdadeiro e firme propósito de mudança de vida é um ato que não confere com a veracidade e a santidade desse sacramento. Não nos confessamos levados por um exercício preceitual, mas por uma firme descoberta de nossa miséria, a qual nunca poderá medir forças com a misericórdia.

Os frutos da penitência estão diretamente ligados às várias atitudes que precisamos ter com relação a esse sacramento. Não pode faltar em nós a consciência da abrangência de nossos delitos, que são as ofensas a

Deus e à comunidade eclesial. O sacramento é individual, mas a ofensa traz esse aspecto de eclesialidade, isto é, nossas faltas atingem a Igreja, corpo místico. Somos os responsáveis pela globalidade da comunidade, em nossos atos positivos e negativos.

De acordo com a doutrina da Igreja, o sacramento da penitência é portador da misericórdia de Deus, conferida pelo perdão das ofensas e trazendo para quem o recebe meios para a reconciliação com a mãe Igreja, ferida pelo pecado.

É preciso ter uma firme clareza na concepção e no entendimento de que esse sacramento é para curar ofensas a Deus e aos irmãos. É necessária uma clara compreensão de que a Igreja é a detentora da ação divina e ela distribui essa ação na medida de nossas necessidades. É a segura comunicação da cruz que contém nossa ligação com Deus e com o irmão. Vamos a Deus com os irmãos e chegamos aos irmãos por Deus, com Deus e em Deus. É um processo bilateral. Deus tudo pode realizar. Ele olha e ama a todos nós. Ele olha a cada pessoa e através dela quer amar a todos nós.

> A reconciliação dos penitentes mediante o sacramento da confissão, bem como os costumes, sempre mereceu preocupações em toda a história da Igreja. Os excessos nas metodologias penitenciais, a visão muito unilateral, ou seja, o pecado como ofensa somente a Deus, sem as feridas provocadas também em todo o corpo eclesial, a consciência pouca educada sobre pecado e graça, a consciência um tanto deturpada, a negligência na conceituação de pecado, a negação do próprio pecado, a ideia de poder confessar-se diretamente com Deus e as confissões realizadas sempre de maneira comunitária, utilizando uma celebração da Palavra com uma absolvição coletiva, e muitas outras deturpações e pouca compreensão dos elementos essenciais desse sacramento trouxeram inúmeros

dissabores à própria vida da Igreja, com efeitos danosos para a pastoral, como um todo, e para a Sagrada Liturgia. A falta de conhecimentos claros a respeito de pecado e graça pode dificultar muito nosso processo de crescimento humano e espiritual. É muito louvável uma consciência bem formada.

Todas essas imprecisões e até comportamentos graves duraram muito tempo. Certamente, a concepção da ação da graça e do pecado ainda é bastante fragilizada e incipiente. É só constatar os mutirões de confissão realizados na proximidade da celebração da Páscoa, que são, sem dúvida, uma proposta e uma alternativa muito válidas. Porém, são válidos alguns questionamentos: Devemos nos confessar somente nessas ocasiões? As ocasiões são os critérios determinantes? Há uma verdadeira e autêntica disposição interior de passagem do pecado para a graça sem condições rígidas demais?

O caminho foi muito demorado para se tentar fazer uma revisão do ritual da penitência. O Vaticano II determinou: "o rito e as fórmulas do sacramento da penitência devem ser revistos de maneira a manifestar mais claramente a natureza e os efeitos do sacramento" (SC, 1963, n. 72).

Essa foi a determinação de 1963, só realizada em 1975, com a reforma do ritual da penitência, o último a ser aprovado de todos os rituais. Os avanços propostos foram muitos quanto à teologia, à compreensão, à presença muito rica da Palavra de Deus, à pastoral e às celebrações penitenciais. Essas celebrações, se fossem bem utilizadas, seriam de enorme fecundidade para uma tomada de consciência do mal cometido, da miséria e da misericórdia, da ternura de Deus mediante a missão da Igreja e da responsabilidade pessoal e coletiva na busca da conversão. Existem várias celebrações penitenciais, tais como as que ocorrem durante a quaresma, as feitas no tempo do advento, ou aquelas para as diversas ocasiões destinadas às crianças, para os jovens e para os enfermos. Há também um vasto esquema para o exame de consciência. Quando se fala de *tempo da quaresma*, não há como não falar de conversão, mesmo porque esse tempo tem a finalidade de nos levar a rezar com o Salmo 50 (Bíblia, 2006, Sl 50,3-7; 12-15):

> Pequei, Senhor, misericórdia! Tende piedade, ó meu Deus, misericórdia! Na imensidão de vosso amor, purificai-me. Lavai-me todo inteiro do pecado, e apagai completamente a minha culpa! Eu reconheço toda a minha iniquidade, o meu pecado está sempre à minha frente. Foi contra vós, só contra vós que eu pequei, e pratiquei o que é mau aos nossos olhos! Mostrais, assim, quanto sois justo nas sentenças, e quanto é reto o julgamento que fazeis. Vede, Senhor, que eu nasci na iniquidade e pecador já minha mãe me concebeu [...] criai em mim um coração que seja puro, dai-me de novo um espírito decidido. Ó Senhor, não me afasteis da vossa face, nem retireis de mim o vosso Santo Espírito! Dai-me de novo a alegria de ser salvo e confirmai-me com espírito generoso! Ensinarei o vosso caminho aos pecadores e para vós se voltarão os transviados [...].

As maravilhas do perdão levam qualquer criatura a uma incontida alegria, expressa no Salmo 31 (Bíblia, 2006, Sl 31,1-5.11):

> Feliz o homem que foi perdoado e cuja falta já foi encoberta! Feliz o homem a quem o Senhor não olha mais como sendo culpado, em cuja alma não há falsidade! Enquanto eu silenciei meu pecado, dentro de mim, definhavam meus ossos e eu gemia, por dias inteiros, porque sentia pesar sobre mim a vossa mão, ó Senhor, noite e dia; e minhas forças estavam fugindo, tal como a seiva da planta no estio. Eu confessei, afinal, meu pecado, e minha falta vos fiz conhecer. Disse: "Eu irei confessar meu pecado! E perdoastes, Senhor, minha falta! [...] Regozijai-vos ó justos, em Deus, e no Senhor exultai de alegria! Corações retos, cantai jubilosos!".

No campo da pastoral, o desafio é muito grande. O sacramento da reconciliação interfere em diversos horizontes das reações humanas: introspecção para examinar o interior; humildade para reconhecer a própria miséria; maturidade para enfrentar o mal praticado; conhecimento suficiente para distinguir um ato moralmente falho de outro ato que deve ser tratado na psicologia e na psiquiatria; fé incondicional em Deus, que perdoa pelo mistério da Igreja; esperança e muito esforço para as necessárias mudanças de vida. A todos esses desafios soma-se a dificuldade da sociedade atual em conceber a existência de pecado em uma incrível corrente relativista. A noção relativa de pecado é danosa. "Por tudo isto, a crise do sistema penitencial tem de ser enfrentada com seriedade e urgência, e isto apesar de que a tarefa não é nada simples e fácil" (Borobio, 1993, p. 361).

A Pastoral penitencial, mormente no tempo quaresmal, não mede esforços para levar adiante esse árduo trabalho. Entre nós, existe todo ano, dentro da quaresma, a chamada *Campanha da Fraternidade*, a qual aborda sempre um tema que tenha abrangência coletiva, social, moral e que atinja o caminho do bem comum refletido à luz da Palavra de Deus.

Existem também várias iniciativas de cunho popular, como as caminhadas penitenciais, a via-sacra, os símbolos significativos e tantas outras motivações para que a quaresma não seja apenas um tempo forte da liturgia com propostas de conversão, mas uma resposta convincente da nossa parte a uma determinação de Nosso Senhor Jesus Cristo: "Sede perfeitos como vosso Pai é perfeito" (Bíblia, 2006, Mt 5,48). E quando terminar a Quaresma, poderemos dizer: "Com Cristo, eu fui pregado na cruz mas não eu, é Cristo que vive em mim" (Bíblia, 2006, Gl 2,19-20).

4.5 O tripé mantenedor da quaresma

Após este percurso bastante longo, quando procuramos trazer alguns objetivos específicos mais importantes da quaresma – quais sejam, a conversão como parte essencial da vida espiritual e biológica; a caminhada na história que não nos oferece muita contribuição quanto ao aparecimento, à finalidade e à compreensão do assunto tratado; a exigência desafiadora que esse tempo comporta e sua relação com os sacramentos da iniciação à vida cristã, tudo isso tendo como referência maior o mistério Pascal de Cristo –, percorremos o tripé: oração, jejum e esmola.

Nosso enfoque maior se centrará no jejum e na esmola, em razão de já termos abordado o assunto oração no início deste capítulo, com grande valorização da Liturgia das Horas. Mesmo assim, não descuidaremos de acrescentar algo mais por aquilo que a oração realiza em nós.

O seguro caminho trazido pela quaresma assume uma fortaleza de estrutura sólida. Esse caminho é percorrido nas vigas incontestes da oração, do jejum e da esmola. Na oração, o homem cultiva de maneira excelente seu relacionamento de filho com Deus que se revela, em Jesus Cristo, Pai que nos ama e não quer nossa perdição. A oração provoca aberturas para Deus, para o irmão e para o mundo inteiro. De onde quer que estejamos, falamos com Deus sintonizados com o irmão, por participarmos do mesmo senhorio de Deus, na transformação do próprio mundo. A oração é um perene sim de acolhimento à vontade de Deus, o grito de louvor apaixonado ao Pai com quem estabelecemos uma via de ida e de volta. É a inteligente descoberta da supremacia divina sobre nossas limitações, da eternidade de Deus que se comunica com a nossa transitoriedade, onde a passageira existência humana restabelece-se e revigora-se na solidez eterna do Pai do céu sempre terno, acolhedor e aberto a todos nós. A oração sempre acontece quando nos sintonizamos com Deus sem precisarmos falar, mas deixamos que todo o nosso ser seja alimentado pelo coração e pela razão para entrar, mesmo sem palavra, em comunicação com o Pai, com o Filho e com o Espírito Santo.

No jejum, está sinalizado nosso modo de buscar nossa liberdade. Somos seres superiores e, por isso mesmo, senhores da criação. Temos a imagem e a semelhança de Deus (Bíblia, 2019, Gn 1,26). O homem que se escraviza, mergulhando-se em determinadas paixões, trai sua própria vocação para a qual foi criado.

Estamos no mundo, mas não somos do mundo. Nosso endereço é a eternidade. Estamos a caminho do céu. Na transitoriedade desta terra, lançamos bases sólidas para a eternidade. Jejuar é saber criar espaço em nós, para Deus, para o próximo e para os valores que permanecem. É buscar, incansavelmente, a hierarquia dos valores e os aplicamos em nossa vida.

A regra de vida é que entendamos a beleza das coisas do universo, o fascínio das coisas materiais com suas perenes seduções, sem deixarmos que aconteçam as possíveis inversões de valores quando somos submissos e nos curvamos às potencialidades da matéria ou de nossas paixões humanas. Nunca podemos nos esquecer de que temos em nós as marcas e as realizações de Jesus, que venceu a morte e ressuscitou. Jejuar é ter a força de nos abstermos das solicitações do nosso corpo mediante o autodomínio. Nossos apetites, produzidos pela nossa condição de seres humanos frágeis, nunca poderão nos fazer submissos a eles. Somos os senhores de nossas reações e solicitações humanas. Nossas quedas não significam submissão, mas fraquezas e limitações. Temos duas perenes vertentes que nos acompanham: a primeira, proveniente do ser humano, é a consciência de ser portadores de deficiências nascidas de nossas falhas, de nossos erros e de nossos pecados; já a segunda traz as marcas e as prerrogativas de nossa filiação divina. Somos da terra, passageiros e inquilinos de uma morada transitória, porque possuímos uma futura morada adquirida pela vitória da vida de Jesus sobre a morte.

O jejum é a maneira de nos exercitarmos como seres livres e jamais sermos escravos de nossas paixões nem dos bens materiais. Jejuar é criar espaço a ser preenchido de maneira responsável e madura com Deus e com valores significativos. Somos senhores da criação e, na liberdade de filhos de Deus, constituímos, como Igreja, o prolongamento do Cristo livre, Rei da criação. Jejuar é pactuar com a virtude da esperança, porque esse corpo mortal se transformará, um dia, em corpo de glória.

A força da importância do jejum não está no fato de o nosso alimento diminuído na quarta-feira de cinzas, na sexta-feira santa e na abstinência de carne. Milhares de pessoas se alimentam reduzidamente ou são vegetarianas. O acento não recai, portanto, por nos alimentarmos pouco ou por não comermos carne. O gesto de jejuar é mostrar que somos capazes de dominar nosso apetite da comida e de outros apetites, ficando sem comer carne e sem praticar outros atos incompatíveis com o jejum. Podemos entender e experimentar o sofrimento de tantos irmãos que vivem um perene jejum forçado, por não possuírem alimento que lhes tire a fome. A vida é um constante jejuar, isto é, não podemos ceder a todas as nossas solicitações que apetece à nossa condição de pessoas humanas.

Para completar o tripé mantenedor do edifício que a Quaresma quer construir todos os anos, a esmola nos é oferecida e deve ser entendida no nosso relacionamento com nosso próximo pela virtude teologal da caridade. Ela nos sinaliza a mística da partilha na abertura do coração para o irmão. Recebemos tudo de graça e temos em nós a imagem e a semelhança de Deus. Jesus se doou totalmente a nós. Toda essa gratuidade não pode ficar na periferia de nosso ser, escondida e esquecida. Nosso preço e nosso valor custam o preço e o valor que damos ao nosso irmão.

A esmola é a seta que nos mostra que o amor ao irmão não é uma alternativa que deve ser praticada ou não; é, sim, uma essencial obrigação para o homem que quer cultivar, no coração, a semente de eternidade.

Agora já podemos entender melhor o tamanho do tripé, nosso assunto tratado até aqui: de Deus somos dependentes, e a oração nos liga a Ele, em uma comunicação franca, aberta, contínua e sincera, que não pode ser interrompida, sempre reconhecendo que somos seres inferiores. Temos carência de Deus e nunca podemos nos igualar a Ele. A oração é a prova de nossa dependência.

No jejum reside a nossa compreensão e a certeza de que, com Deus, somos os construtores da história, que será interrompida sem a nossa participação. Por isso somos superiores e nunca escravos dos bens passageiros. Estamos no mundo; porém, não somos do mundo.

A esmola é a revelação do relacionamento com nosso irmão. É a madura expressão da virtude da caridade. Dar esmola é saber partilhar; não é oferecer ao próximo alguma coisa, mas saber se doar. Não é abrir o bolso ou pegar algum alimento e oferecer a quem pede; é, sim, termos a coragem de abrir, primeiramente, o coração e oferecer o perdão; abrir a boca e provocar um diálogo; sentar junto de alguém que mais necessita e ouvir mais do que falar. O que oferecemos externamente é significativo e simbólico: a materialidade da doação representa as nossas mãos, o nosso coração e todo o nosso ser, porque "de graça recebemos, de graça devemos dar" (Bíblia, 2006, Mt 10,7-13).

A partilha confere alegria à vida, dando-lhe um maior sentido. A esmola sinaliza e simboliza a capacidade e a coragem de nossa própria doação. Façamos o exercício de abraçar a cruz e veremos que não há como fazê-lo sem abraçar a parte vertical, que nos aponta para o infinito e para Deus, nem abraçar a parte horizontal, com os braços abertos para o irmão.

> O tripé quaresmal não existiria sem esta consciência e esta clareza de entendimento: pela oração, nos relacionamos com Deus, de quem dependemos, pois somos seres inferiores; pela esmola, somos chamados a dar as mãos aos irmãos, de quem somos iguais, nos abrindo à realidade da partilha; no jejum está a revelação e a compreensão de que somos superiores às coisas criadas com as quais não podemos criar dependência. Somos chamados à liberdade de filhos de Deus. Essa liberdade é uma conquista permanente que vamos adquirindo no esforço contra nossos apetites oferecidos pela nossa condição humana.

A oração, o jejum e a esmola são o exercício contínuo, maduro e muito atual das três virtudes teologais: fé, esperança e caridade. A Palavra de Deus, por meio do hino da criação, no louvor das criaturas ao Senhor, dimensiona bem nossa relação com Deus pelas obras criadas, no clamor e na lembrança dos irmãos, como aqui percebemos:

> Obras do Senhor, bendizei o Senhor, céus do Senhor, anjos do Senhor, águas do alto céu, potências do Senhor, lua e sol, astros e estrelas, brisas e ventos, chuvas e orvalhos, fogo e calor [...] noites e dias, luzes e trevas, montes e colinas, plantas da terra, mares e rios, fontes e nascentes, baleias e peixes, pássaros do céu, filhos dos homens, filhos de Israel, sacerdotes do Senhor, servos do Senhor, alma dos justos, santos e humildes. (Bíblia, 2006, Dn 3,57-88)

E todos os seres humanos, animais e todas as plantas que povoam a terra são chamados e convocados para bendizerem, louvarem e exaltarem ao Pai, ao Filho e ao Espírito Santo, porque, em todo o firmamento dos céus e em toda a terra, as Três Pessoas divinas são dignas de louvor e de glória agora e para sempre.

Síntese

O ser humano, sempre com limites e deficiências, precisa estar atento e aberto a correções e a mudanças de vida. Essa afirmação é condição para se almejar crescimento e progressos.

O tempo da quaresma, que faz parte do ciclo pascal, é necessário e imprescindível para utilizar os excelentes meios que ele nos proporciona, para alcançar progressos neste nosso peregrinar terreno.

A pedagogia quaresmal, trazida de várias maneiras pelas celebrações litúrgicas – principalmente as dominicais, o caminho penitencial, que tem no sacramento da penitência e reconciliação o grande momento do confronto da nossa miséria com a misericórdia divina, o tripé forte executado pela oração, esmola e jejum – é de inestimável valor para a vivência desse tempo. O sacramento do batismo e a Páscoa são o binômio motivador da vida quaresmal.

Atividades de autoavaliação

1. Assinale a resposta correta:
    a) O batismo é um sacramento essencialmente pascal.
    b) O batismo pode ser visto como um sacramento pascal.
    c) O batismo não tem relação com a Páscoa.
    d) O batismo independe da Páscoa.

2. O grande tripé da quaresma é:
    a) Jejum, retiro e confissão.
    b) Oração, exercícios de piedade e jejum.
    c) Confissão, esmola e estudo.
    d) Esmola, oração e jejum.

3. "Lava-se a carne para que a alma seja purificada". Essa afirmação é atribuída a:
   a) Hipólito de Roma.
   b) Tertuliano.
   c) Justino.
   d) Nocent.

4. Os três grandes personagens do Evangelho de Mateus essenciais para uma maior compreensão do batismo são:
   a) Pedro, a samaritana e Lázaro.
   b) o cego de nascença, João Batista e a samaritana.
   c) o filho pródigo, Lázaro e o cego de nascença.
   d) a samaritana, o cego de nascença e Lázaro.

5. O relevante binômio presente na quaresma é:
   a) oração e fé.
   b) miséria e misericórdia.
   c) sacrifício e esmola.
   d) nenhuma das alternativas anteriores.

Atividades de aprendizagem

Questões para reflexão

1. Comente com poucas palavras: na quaresma, "a abertura para a conversão é critério para deixarmos a ação divina agir em nós".

2. Cite e comente algumas atitudes que não podem faltar em cada pessoa para se viver a quaresma.

Atividade aplicada: prática

1. Quais são as práticas que compõem o tripé em que se fundamenta o tempo quaresmal?

5
O ciclo do Natal

A abordagem a seguir envolve a longa promessa que Deus criador faz à humanidade após o rompimento que os primeiros pais proporcionaram pelo ato de desobediência. Os tempos fortes do Advento e do Natal, embora ocupem um espaço bastante reduzido do ano litúrgico, são suficientemente ricos e trazem suportes muito fortes que favorecem uma ocasião de denso e intenso encontro com a humanidade de Jesus e, consequentemente, com a divindade da qual é Ele o único portador, na condição de verdadeiro homem, mas também verdadeiro Deus. O Deus Jesus se deixa ser um como nós, embora diferente, por não ter nossa condição de pecado.

Todo ano, quando chega o Advento, chega também à consciência e ao coração de cada pessoa – principalmente por meio dos grandes ecos da Palavra de Deus trazidos de modo muito forte e claro, por Isaías e pela atuação de João Batista – a certeza de nossa presença no amor do Pai, que não se esqueceu de nós. Os frutos natalinos nos serão franqueados e deles seremos alimentados, dependendo da vivência do Advento.

Na teologia subjacente do ciclo do Natal, é possível constatar que, principalmente, o tempo natalino precisa ser celebrado na ótica da Páscoa. Veremos, no decorrer deste capítulo, os fortes acenos que nos levam do presépio ao túmulo vazio. Abordaremos o Advento não apenas como início de novos tempos, mas também como ponto de chegada em seu aspecto escatológico. Destacaremos, ainda, o Natal como acontecimento central quando se torna realidade a esperança milenar de um povo que vivia na expectativa, bem como as manifestações celebradas nesse curto período do ano litúrgico. Procuraremos mostrar que o grande enfoque não está na festa memorial, mas em seu significado, como a realização da promessa concretizada na chegada de Jesus.

Depois da queda de Adão, o Criador fez a promessa de que, um dia, chegaria o Salvador e, a partir desse momento, todo o percurso da história da Antiga Aliança tem como referência a vinda do Messias. Por vários anos, essa história acontecia com progressos e retrocessos, esperanças e desesperos, alegrias e sofrimentos, vida e morte. Não seria diferente, porque o Salvador prometido não viria para mudar a história em sua essência material. Ele viria para assumir nossa natureza humana e, nela, conferir a natureza divina. Nosso tempo era o cenário onde o Salvador armaria sua tenda, vindo morar entre nós (Bíblia, 2019, Jo 1,14), pois "no princípio era a Palavra [...] e a Palavra era Deus que existia [...] junto de Deus [...] E esta Palavra se fez carne" (Bíblia, 2006, Jo 1,1-18).

O ciclo do Natal necessita ser visto e muito bem compreendido, para ser celebrado com uma ótica atual; do contrário, corre-se o risco de acontecer uma valorização muito acentuada apenas nos fatos históricos, que nos colocam em um passado distante desprovidos de uma profunda teologia espiritual. Talvez a supremacia do aparato externo que as festas natalinas trazem possa atrapalhar a visão da profundidade do mistério. Afinal, é grande demais o fato de o Deus único e verdadeiro entrar na nossa história, por via humana e, aparentemente, muito natural. Ele teve uma mãe em cujo seio foi gerado e cresceu. Vivenciou um percurso biológico até o nascimento e nasceu com a estatura normal de qualquer criança, tão vulnerável, tão frágil e desarmado como qualquer recém-nascido.

Assim teria de acontecer. É muito forte essa pedagogia utilizada por Deus para conquistar os homens, elevando-os de sua imaturidade espiritual para, assim, poder mais facilmente falar conosco. A forma de uma criança dá bem a dimensão do tamanho de nossa fragilidade. Essa criança é acompanhada de alguns sinais que nos proporcionam contemplá-la com olhares de maturidade e de profunda reflexão. O aniversário de Jesus, com sua preparação e celebração, não pode ser uma tradição anual, um mito ou uma fábula. Jesus é parte verdadeira e essencial de nossa história humana. A história é contada na centralidade da pessoa de Jesus. Todo fato aconteceu antes de Jesus Cristo ou depois dele. A moldura festiva do Natal não relativiza o sentido profundamente teológico e espiritual desse tempo. O clima festivo, autenticamente celebrado na Sagrada Liturgia, deve redimensionar e colocar nossa vida de participantes da vida divina em seu real e justo contexto de seriedade e com requinte de maturidade.

Todos os anos, o coração humano é solicitado a ser o lugar adequado para Jesus renascer. Nesse sentido, nossa vida é um Natal perene. Jesus, que nasceu em Belém, é a Palavra de Deus encarnada. Se nos detivermos mais na contemplação da criancinha, terna e fragilizada, corremos o risco de perder de vista o Verbo encarnado. A criancinha é a imagem autêntica do tamanho de nossa fragilidade. É fácil demais e muito cômodo ficarmos contemplando a vulnerabilidade de uma criança. O desafio está em acompanhar seu crescimento, com a leveza da simplicidade de criança, mas com a seriedade, a dignidade, o testemunho e a imitação do Deus que se fez pequeno.

5.1 Como tudo começou

A narrativa do livro da origem da humanidade e de toda a criação nos coloca em sintonia clara como tudo aconteceu. O Criador do mundo pensou e realizou, magistral e minuciosamente, todas as realidades que conhecemos – e outras que desafiam todo e qualquer conhecimento humano. Que ser humano conhece todas as suas reações, da fauna e da flora? Quem conhece, por exemplo, o nome de todos os vegetais e de todos os animais? A verdade é que chega, com estupenda riqueza de detalhes e de poesia, o que Deus realizou e que não conseguimos saber quando foi nem onde tudo teve início.

O homem precisa de tempo, de lugar e de espaço para a realização de suas obras. Deus ultrapassa tudo, porque sua sabedoria é infinita. Ele é onisciente. O que percebemos em todas as coisas que Deus criou, com riqueza e com beleza, vai nos mostrando o valor da última criação que Deus realizou, que foi o homem. "Depois, o Senhor Deus plantou no jardim em Éden, e pôs ali o homem que havia formado. E o Senhor Deus fez brotar do solo toda sorte de árvores de aspecto atraente e de fruto saboroso, e, no meio do jardim, a árvore da vida e a árvore do conhecimento do bem e do mal" (Bíblia, 2006, Gn 2,8-9).

Na mente do Criador, estava presente a preocupação de fazer tudo maravilhosamente bem, tendo em vista a criação mais perfeita de sua obra, que era o ser humano. Este não estaria se igualando a todas as obras criadas, mas sua posição é a de um ser superior, como está escrito: "Façamos o ser humano à nossa imagem e segundo nossa semelhança, para que domine sobre os peixes do mar, as aves do céu, os animais domésticos, todos os animais selvagens e todos os animais que se movem pelo chão" (Bíblia, 2006, Gn 1,26). A enorme diferença, portanto, entre o ser humano e toda a criação de Deus ocorre porque "Deus criou o ser humano à sua imagem, à imagem de Deus o criou. Homem e mulher ele os criou" (Bíblia, 2006, Gn 1,27). Nesse relato, sem muito esforço, constatamos a enorme predileção do Criador pelo ser humano, ao criá-lo à sua imagem e à sua semelhança. Pode alguém duvidar da ação amorosa de Deus? Certamente, o ser humano não quis ver toda essa predileção e todo esse valor dado a ele pelo Criador, proibindo-o, apenas, de não comer uma espécie de fruto entre tantos outros que estavam à sua disposição: "O Senhor Deus deu-lhe uma ordem, dizendo: 'podes comer de toda as árvores do jardim, mas da árvore do conhecimento do bem e do mal não deves comer, porque, no dia em que dele comeres, com certeza morrerás'" (Bíblia, 2006, Gn 2,16-17).

A proibição do Criador recaía somente sobre um fruto, cuja pena, caso não se cumprisse o que o Senhor determinou, já estava prescrita. Tudo se apresentava com muita clareza. Contudo, aqui se revela o tamanho da fraqueza humana. Muitas vezes, o homem sucumbe diante de atrações pequenas que podem deixar rastros profundos de dores e infelicidades. Nas ações humanas, acontecem inversões de valores provocadores de feridas e tormentos. O homem e a mulher escolheram, exatamente, o fruto que Deus havia proibido. Quando nos alimentamos de ações diversas que não contemplam razão e afeto, mas que alimentam os apetites desprovidos de reflexão e, por vezes, de sacrifícios, o saldo costuma ser muito doloroso e deixa marcas negativas muito profundas.

É sensato, correto e prudente não procurarmos uma alternativa diferente daquela que Deus determina. O saldo poderá ser muito negativo. Porém, não foi o que aconteceu com Adão e Eva e, por isso, houve o rompimento. Romperam com a comunhão e saíram do caminho de Deus, entregando-se à desesperança.

Quando rompemos com a amizade de Deus, a exemplo do primeiro homem e da primeira mulher, pensamos encontrar refúgio. Essa foi a atitude do casal:

> quando ouviram o ruído do Senhor Deus, que passeava pelo jardim à brisa da tarde, o homem e a mulher esconderam-se do Senhor Deus no meio das árvores do jardim. Mas o Senhor Deus chamou o homem e perguntou: "onde estás?" Ele respondeu: "ouvi teu ruído no jardim. Fiquei com medo, porque estava nu, e escondi-me". (Bíblia, 2006, Gn 3,8-10)

A fragilidade humana pode chegar ao absurdo de nos levar a pensar que podemos nos esconder de Deus. A Palavra de Deus nos responde: "Senhor, tu me examinas e me conheces, sabes quando me sento e quando me levanto. Penetras de longe todos os meus pensamentos, distingues meu caminho e meu descanso, sabes todas as minhas trilhas [...] Para onde irei, longe do teu espírito? Para onde fugirei da tua presença?". (Bíblia, 2006, Sl 139,1-3.7).

A bondade de Deus não tem limites, e sua misericórdia se fez notar imediatamente após a queda do homem e da mulher. Deus vem ao encontro deles na brisa da tarde, sem ameaças, e a atitude das duas criaturas foi a de procurar esconderijo. Quando o pecado nos traz vergonha é porque atinge nosso pudor espiritual, e isso é positivo.

A pergunta do Senhor Deus, **Onde estás?**, é atitude de um Pai que não nos abandona, mesmo quando Ele é abandonado. Quem pergunta quer uma resposta; porém, a resposta partiu do próprio Deus. Inicialmente, na ameaça ao inimigo causador da queda e do rompimento: "E o Senhor Deus disse à serpente: 'Porque fizeste isso, serás maldita entre todos os animais domésticos e entre todos os animais selvagens. Rastejarás sobre teu ventre e comerás pó todos os dias de tua vida" (Bíblia, 2006, Gn 3,14).

Nosso rompimento com o pecado já é início de restabelecimento com a graça. Isso está muito bem assinalado e sinalizado na promessa que Deus fez, começando pela ameaça à serpente: "Porque fizeste isso, serás maldita entre todos os animais e feras dos campos; andarás de rastos sobre o teu ventre e comerás o pó todos os dias de tua vida. Porei ódio entre ti e a mulher, entre a tua descendência e a dela. Esta te ferirá a cabeça, e tu lhe ferirás o calcanhar" (Bíblia, 2006, Gn 3,14-15). Aqui começou a longa expectativa. O caminho é longo, mas jamais alguém poderá duvidar, porque foi o próprio Criador quem fez a promessa. A história precisa ser contada, escrita, vivida sob a ótica da esperança. Falar em *ciclo* do Natal é estabelecer uma sintonia com a espera, alimentando sempre mais e melhor a virtude da esperança. Essa história teve um começo; mas precisar o tempo de duração é impossível e inviável. O que sabemos, com muita clareza, é a inevitável presença de Deus na condução de tantas pessoas que Ele mesmo colocou em cena e tantos acontecimentos narrados pela própria inspiração e determinação divina.

A história dos seres humanos que povoaram, cada vez mais, a face da terra prosseguia, certamente, entre a esperança da promessa de Deus no Capítulo 3 de Gênesis (Bíblia, 2006, Gn 3,15) e a angústia de quando isso aconteceria. O certo é que o Messias chegaria um dia. Mas quando? Nosso tempo tem limite, mas o tempo de Deus não pode ser determinado. No infinito e na eternidade divina é colocada nossa transitoriedade.

Uma coisa é certa: a criatura se separa do Criador, mas o Criador jamais nega a presença da criatura. Isso fica muito claro quando consideramos as tantas pessoas que estiveram com esse povo, entre elas Moisés, Abraão, Jacó e os vários profetas que mantinham e asseguravam a esperança do povo da Antiga Aliança. Entre os profetas, destacamos o da esperança e do anúncio, Isaías, quando disse: "Pois bem, o próprio Senhor vos dará um sinal. Eis que a jovem conceberá e dará à luz um filho e lhe porá o nome de Emmanuel" (Bíblia, 2006, Is 7-14).

Esse Emanuel, Deus conosco, chegaria por uma mulher. Sua descendência era da linhagem de Davi e de um povo determinado.

A situação de desesperança ficou insuportável quando o povo, de onde nasceria o Salvador, tornou-se escravo no Egito. A esperança é a presença mantenedora da vida; perder a esperança é perder o próprio referencial. A vida vai perdendo o sentido. O povo de Israel, de onde sairia o Messias prometido, parece que chegara a essa situação desesperadora, realidade mostrada pelo salmista, conforme já aludimos no Capítulo 1 desta obra: "Às margens dos rios de Babilônia nos sentávamos chorando, lembrando-nos de Sião. Nos salgueiros daquela terra, pendurávamos, então, as nossas harpas, porque aqueles que nos tinham deportado pediam-nos um cântico [...] Como poderíamos nós cantar um cântico do Senhor em terra estranha?" (Bíblia, 2006, Sl 136,5-6). Felizmente, ainda restavam forças para esse mesmo povo dizer: "Se eu me esquecer de ti, ó Jerusalém, que minha mão direita se paralise! Que minha língua se me apegue ao paladar, se eu não me lembrar de ti, se não puser Jerusalém acima de todas as minhas alegrias" (Bíblia, 2006, Sl 136,5-6).

A chama do ânimo mantinha-se acesa, apesar dos sofrimentos nas terras distantes. O desânimo e a desesperança podem nos conduzir ao desgosto de lutar, provocando o desconforto para que prossigamos caminhando. A apatia e a depressão poderão ser companheiras nocivas na vida de quem mais precisa de grandes doses de esperança.

A esperança do povo da Antiga Aliança começou a tomar força com o nascimento de Moisés, presença obrigatória na vida e no amparo como o grande portador da esperança ao povo nas terras estranhas do Egito. Moisés era o referencial de um povo sem referência; uma chama que ajudava a dissipar as trevas da saudade e da tristeza. Um condutor do povo de volta à sua terra de origem. Voltar à terra de origem era recuperar a alegria de viver e ver a esperança renascer.

No Capítulo 2 deste livro, quando mencionamos o ciclo pascal, tratamos da saída desse povo da escravidão do Egito, com todos os elementos significativos desse fato na comemoração da Páscoa, e seu momento ápice aconteceu na passagem do Mar Vermelho. Até aqui, em nossa exposição, tivemos a oportunidade de mostrar que o ciclo do Natal não pode ter, como centro, somente uma comemoração celebrativa. O ciclo do Natal começa com a promessa do Redentor que, perpassando séculos, anda em um longo e contínuo Advento, ou seja, em espera, expectativa, da vinda de Jesus. Para o povo da Antiga Aliança, o Advento se verificava na espera do Messias prometido e, para nós, povo da Nova Aliança, o Advento continua a ser a espera da segunda vinda de Jesus em seu triunfo, na segunda vinda à Terra.

5.2 A realização do intercâmbio do divino com o humano

Todo ano, nesse tempo da Igreja, entramos – como na Antiga Aliança, mas agora somente de maneira espiritual – nos preparativos para a celebração da entrada de Deus, feito homem, em nossa história. É a plena realização da promessa feita pelo eterno Pai a nossos primeiros pais. No passado, o pecado entrou no mundo pelo primeiro homem, Adão. "Mas quando veio a plenitude dos tempos, Deus enviou seu Filho, que nasceu de uma mulher e nasceu submetido a uma lei, para que recebêssemos a sua adoção" (Bíblia, 2006, Gl 4,4-5). Com a vinda do Salvador, nossa história assume um perfil também divino, porque temos o Deus conosco e tudo começa a mudar. O coração humano, mesmo sem ter plena consciência do acontecimento que vai mudar todo o planeta – porque, como disse Simeão, "eis que este menino está destinado a ser uma causa de queda e erguimento para muitos homens em Israel, e a ser um sinal que provocará contradições" (Bíblia, 2006, Lc 2,34) –, contará com todos os ingredientes para bater no compasso da alegria. Assim foi e sempre será. Em Jesus não pode haver outra alternativa que não seja a prontidão na resposta positiva com o *sim*, ou negativa com o *não*. Esta é a verdade que a Palavra de Deus nos traz: "Conhece as tuas obras: não és nem frio ou quente! Mas, como és morno, vou vomitar-te" (Bíblia, 2006, Ap 3,15). O próprio Jesus disse: "seja o vosso sim, sim; e o vosso não, não" (Bíblia, 2006, Mt 5,37).

É por isso que, quando chega o Advento, primeiro momento do ciclo do Natal, é preciso que tudo seja visto sob a perspectiva do Mistério Pascal. Se o Natal é a festa da entrada do Homem-Deus no mundo, a Páscoa é a certeza da futura entrada dos homens no céu.

O Advento não chega, primeiramente, em razão do Cristo que celebra seu aniversário na manjedoura de cada coração, mas nos conclama à madura vigilância na expectativa da segunda vinda do Senhor. Essa estupenda verdade vem contemplada nos dois primeiros prefácios do Advento. No primeiro, a Igreja contempla as duas vindas de Cristo, assim anunciadas. "Revestido da nossa fragilidade, ele veio a primeira vez para realizar seu eterno plano de amor e abrir-nos o caminho da salvação. Revestido da sua glória, Ele virá uma segunda vez, para conceder-nos em plenitude os bens prometidos que hoje vigilantes esperamos" (Sagrada..., 1992, p. 408). No segundo, a Igreja apresenta a dupla espera de Cristo: "Predito por todos os profetas, esperado com amor de mãe pela virgem Maria, Jesus foi anunciado e mostrado presente no mundo por São João Batista. O próprio Senhor nos dá a alegria de entrarmos agora no mistério do seu Natal, para que sua chegada nos encontre vigilantes na oração e celebrando os seus louvores" (Sagrada..., 1992, p. 408).

A palavra *intercâmbio* assume uma força muito grande na análise que faremos com base tanto nos textos bíblicos quanta na eucologia.

A clareza e a riqueza são uma constante e nos ajudarão, sem muita dificuldade. Precisamos nos deter na comunicação do verbo *vir* em suas três formulações do mesmo fato acontecido no passado, acontecendo hoje e que acontecerá no futuro.

Como fato memorial do passado, é a narrativa do nascimento do Salvador em nossa carne mortal na plenitude dos tempos. Jesus inaugura novos tempos, e uma história começa a ser escrita, assim apresentada, por exemplo: "Despertai, ó Deus, os nossos corações a fim de prepararmos os caminhos do vosso Filho, para que possamos, pelo seu Advento, vos servir de coração purificado" (Sagrada..., 1992, p. 137).

A presença de João Batista e a Palavra de Deus em sua missão são de incrível atualidade no contexto da primeira vinda do Senhor e, portanto, o Senhor que já veio, João Batista atualiza, utiliza e realiza as palavras do profeta Isaías: "Voz de quem clama no deserto: Preparai o caminho do Senhor, endireitai as veredas para ele [...] e todos verão a salvação que vem de Deus" (Bíblia, 2006, Lc 3,4-6). Na pregação de João, estava todo o programa imediato a ser cumprido para se ver a pessoa de Jesus.

João Batista não fixou sua pregação no fato de uma chegada histórica de mais um grande profeta. Ele deu um avanço cristológico muito sério, quando disse: "Eu vos batizo na água, mas eis que vem outro mais poderoso do que eu, a quem não sou digno de lhe desatar a correia das sandálias; Ele vos batizará no Espírito Santo e no fogo" (Bíblia, 2006, Lc 3,16). A terceira pessoa da Trindade já é evocada antes da presença messiânica de Jesus.

O intercâmbio da humanidade com a divindade ressoa muito forte quando o homem Jesus se apresenta diante de João Batista como qualquer outra pessoa que se preparava para o encontro com o Salvador. "Quando todo o povo ia sendo batizado, também Jesus o foi. E, estando Ele a orar, o céu se abriu e o Espírito Santo desceu sobre Ele em forma corpórea, como uma pomba; e veio do céu uma voz: 'Tu és o meu Filho bem amado; em ti ponho minha afeição'" (Bíblia, 2006, Lc 3,21-22).

A leitura que se faz do batismo de Jesus deve ser realizada à luz de Pentecostes, no Capítulo 2 do livro de Atos dos Apóstolos (Bíblia, 2006, At 2,1-11). Naquela água sobre a humanidade de Jesus se manifesta sua missão messiânica, que é, de certo modo, fecundada pela ação do Espírito Santo, no início de sua pregação. Isso fica muito mais claro quando Ele mesmo disse na sinagoga, em Nazaré, repetindo o profeta Isaías: "O Espírito do Senhor está sobre mim, porque ele me consagrou com a unção para anunciar a Boa Nova aos pobres; enviou-me para proclamar a libertação aos cativos e aos cegos a recuperação da vista; para libertar os oprimidos e para proclamar um ano da graça do Senhor" (Bíblia, 2006, Lc 4,18-20). Que celestial revelação feita pelo próprio Jesus, para depois acrescentar: "Hoje se cumpriu esta passagem da Escritura que acabastes de ouvir" (Bíblia, 2006, Lc 4,21).

De fato, Ele era o ungido do Pai, ou seja, o Cristo. Ele traz a divindade. Duas naturezas em uma só pessoa.

> Cristo é Deus de uma maneira humana e homem de uma maneira divina. Por ser Deus, ele é capaz de revelar-nos fielmente os planos do Pai; por ser homem, pode representar-nos de modo perfeito diante de Deus. Através do homem-Jesus se chega a Deus e através do Deus-Jesus se chega ao homem... Nele se encontram os dois movimentos, o ascendente e o descendente. Nele, há perfeita adequação e harmonia entre o seu ser de Deus e para Deus e o seu ser do homem e para o homem. Estando perfeitamente com Deus, ele está perfeitamente com o homem, e vice-versa. A fronteira humana de Deus e a fronteira divina do homem aparecem de modo maravilhoso na pessoa de Cristo tornando possível o encontro radical. A partir do seu próprio ser, Cristo é o sacramento desse encontro. (Borobio, 1990, p. 299-300)

Quando Jesus entra na água, o homem Jesus é visível, portando a divindade que é invisível. Naquele momento, a água constituiu-se no elemento oficial do sacramento de nossa regeneração. A água, que nos lavou, tornou-nos participantes da filiação divina, concretizada na pessoa de Jesus.

Em Pentecostes, o mesmo Espírito Santo desceu e fecundou a Igreja e ela, divina – porque divino é seu fundador –, e humana – por ser formada de seres humanos –, assumiu a missão do próprio Senhor de levar adiante o que Ele dissera. A Igreja tem toda segurança no exercício dessa missão, porque nela também acontece, sacramentalmente, o fecundo intercâmbio do divino com o humano: "Ide por todo o mundo e pregai o Evangelho a toda criatura. Quem crer e for batizado será salvo, mas quem não crer será condenado" (Bíblia, 2006, Mc 16,15).

Fiel ao mandato do Salvador, a Igreja, todo ano, cumpre seu papel, de maneira atual e fecunda, celebrando "a história da salvação, que é o mistério de Cristo, e seus ritos são sempre sinais deste mistério" (Marsili, 2010, p. 108-112). Por isso é que o tempo da Igreja é a real e autêntica continuação do tempo de Cristo. Essa continuação chega até nós pela ação litúrgica, sua pedagogia facilmente continuada pela missão de Jesus Cristo, Palavra eterna do Pai, que "se faz carne, e habitou entre nós" (Bíblia, 2006, Jo 1,14).

Essa realidade da Palavra encarnada é a mesma realidade do exercício e da ação da Igreja que chega até nós na celebração de todos os acontecimentos pela Sagrada Liturgia.

> Assim como Cristo foi enviado pelo Pai, assim também Ele enviou os Apóstolos cheios do Espírito Santo, não só para que, pregando o Evangelho a toda criatura, anunciassem que o Filho de Deus, pela sua morte e ressurreição, nos havia libertado do poder de Satanás e da morte, e nos havia introduzido no Reino do Pai, mas

também para que realizassem a obra da salvação que anunciavam, mediante o sacrifício e os sacramentos, em torno dos quais gira a vida litúrgica. (SC, 1963, n. 6)

Constatamos, então, com muita clareza, a íntima relação entre a Escritura e a liturgia, bem como entre a história da salvação e a liturgia. A liturgia, portanto, durante o ano litúrgico, centrada na pessoa de Jesus Cristo, aparece como constante momento histórico da salvação trazida por Cristo. A ação litúrgica, por ser uma ação da Igreja, transforma-se em perene acontecimento salvífico, recapitulando toda a história da salvação, não como um conjunto somente de lembranças passadas, mas como realidades presentes no hoje de nossa história. Este é o grande poder que a liturgia tem: trazer o ontem para o hoje de nossa história, atualizar e celebrar o acontecimento na pedagogia de hoje e não esgotar esse acontecimento, mas nos apontar o amanhã na história que continua até a consumação dos tempos:

> A liturgia é, portanto, um momento síntese da história da salvação porque engloba "anúncio" e acontecimento, isto é, Antigo e Novo Testamento; mas, ao mesmo tempo, é o momento último da mesma história, porque, sendo a continuação da realidade' que é Cristo, seu dever é o de aperfeiçoar gradualmente, em cada ser humano e na humanidade, a imagem plena de Cristo. (Marsili, citado por Flores, 2006, p. 328)

Com a inserção da Sagrada Liturgia como um continuado momento síntese da história de Salvação celebrada pela Igreja, podemos inserir o tempo do Advento, que dá início a todo o ano, no espiral celebrativo no decorrer do ano litúrgico. Por ser um tempo tipicamente ocidental, o Advento foi formando-se progressivamente, e as notícias sobre essas mudanças são bastante escassas. O Oriente é totalmente silencioso quanto ao assunto.

As informações que temos sobre a celebração do Advento são do século IV, de um período de preparação para o Natal, na Espanha e na França. Em Roma, só nos meados do século VI. Na Espanha, o Concílio de Saragoça de 380 ordenava aos fiéis que participassem de reuniões diárias, entre os dias 17 de dezembro e 6 de janeiro. Natal e Epifania constituíam uma só festa.

Coube ao Papa São Martinho, no século VI – portanto, já bastante tarde –, falar de um tempo de penitência entre os dias 11 de novembro e 25 de dezembro, com jejum de três vezes por semana, gerando, mais tarde, a chamada *Quaresma de São Martinho*. Desse modo, o Advento assumiu características próprias do tempo da quaresma, que durou muitos séculos. O Advento era marcadamente um tempo de sacrifício e penitência, conflitando com a mística quaresmal.

O Papa Gregório Magno estabeleceu a duração de quatro domingos para o tempo do Advento, conservado até hoje. A origem do Advento situa-se entre os séculos IV e VI. É muito rico o conteúdo teológico do Advento, porque o Deus do Advento é o Deus da história que veio plenamente para a salvação da humanidade, em Jesus de Nazaré em quem se revela plenamente a verdadeira face do Pai.

O profeta Isaías é indispensável ao Advento. Podemos afirmar que, sem esse profeta, não há como contemplar e celebrar esse tempo para viver toda a sua riqueza. Em Isaías encontram-se as dores, as angústias, as desesperanças, as revoltas, os sofrimentos, as saudades, as lágrimas e as esperanças de um povo.

O Advento deve ser visto e celebrado na firme esperança, na autêntica lembrança do Cristo que já veio e na companhia do Cristo que caminha conosco. Essa realidade e certeza do Cristo que virá está presente nos dois primeiros domingos anteriores ao dia 17 de dezembro. É o Advento escatológico que forçosamente nos conduz ao mistério Pascal, tendo como destaque, de certo modo, a Ascensão do Senhor aos céus, com a promessa de retorno, para julgar os vivos e os mortos, conforme o símbolo niceno-constantinopolitano, do Missal Romano, que rezamos nas solenidades, "e subiu aos céus, onde está sentado à direita do Pai. E de novo há de vir, em sua glória, para os vivos e os mortos; e o seu reino não terá fim" (Sagrada..., 1992, p. 400). Essa é a verdade maior na qual colocamos nosso peregrinar. A vitória de Cristo já é a nossa vitória, mas que, hoje, exige lutas e esforços, para que, no quotidiano de nossas vidas, possamos bradar *"vem, Senhor Jesus"* como um refrão prolongado.

A palavra *intercâmbio* é a que mais consegue definir o misterioso encontro do divino com o humano, quando Jesus nos ofereceu o que é exclusivo dEle, o divino, para assumir o que é nosso, o humano. O Advento escatológico coloca-nos, a exemplo do povo da Antiga Aliança, na linha e na realidade de um povo, que somos nós, o povo da esperança – agora da segunda vinda de Cristo.

É muito rica essa nossa expectativa, porque ela se torna uma incrível motivação para sermos santos. Nesse sentido, haverá de passar por todo o nosso ser o Salvador prometido, que é o Cristo que veio, o Senhor Jesus que conviveu conosco na nossa realidade terrena, sofreu, morreu, ressuscitou e subiu aos céus, de onde virá para dar-nos tudo o que fizermos por merecer.

E quando Ele voltará?

> A respeito, porém, daquele dia ou daquela hora, ninguém o sabe, nem os anjos do céu, nem mesmo o Filho, mas somente o Pai. "Ficai de sobreaviso, vigiai; porque não sabeis quando será o tempo". Será como um homem que, partindo em viagem, deixa a sua casa e delega sua autoridade aos seus servos, indicando o trabalho de cada um, e manda ao porteiro que vigie. Vigiai, pois, visto que não sabeis quando o Senhor da casa voltará, se à tarde, se à meia noite, se ao cantar do galo, se pela manhã, para que, vindo de repente, não vos encontre dormindo. O que vos digo, digo a todos: vigiai.
> (Bíblia, 2006, Mc 13,32-37)

A diferença muito grande entre a espera do Messias pelo povo da Antiga Aliança em sua primeira vinda e a segunda vinda de nosso Senhor Jesus Cristo está no fato de aquele povo, talvez, pensar em um reino estabelecido, para governar em um reinado terreno e, portanto, passageiro, construído em uma terra prometida. O povo da Nova Aliança já sabia o nome da terra prometida, que é o céu, cuja posse e morada definitiva dependia de todos e de cada pessoa.

A escatologia ou a presença da consumação da história, quando tudo deixar de existir e somente existirá a felicidade eterna ou a infeliz condenação, celebrada nos primeiros dias do tempo do Advento, é a grande oportunidade da vivência madura da fé. Não temos medo do Senhor, que é ternura, misericórdia e compaixão, que tudo realizará na mais perfeita justiça, quando a cada um lhe conferirá, sem nada tirar, o que tiver direito de receber. A visão face a face do Senhor não é motivo suficiente para nunca esmorecermos em nossas lutas diárias?

O Advento constitui um grande degrau para o encontro definitivo com o Senhor, na glória. É um tempo que nos abre os horizontes de nossa madura esperança para o feliz e definitivo amanhã que há de vir.

Esse tempo, chamado de *tempo forte do ano litúrgico*, proporciona celebrar e encontrar o Cristo que já veio, que vem agora nas boas obras praticadas, na escuta e na vivência da Palavra de Deus e, de modo muito particular, na eucaristia. A celebração dessas duas vindas são forças e luzes para viver o desafio da vigilância em função do Cristo que virá, convidando-nos à mansidão, à humildade, à disponibilidade, para sermos chamados de bem-aventurados por Jesus.

Alguns personagens são muito importantes e sintetizam bem o que já abordamos: Isaías encarna a expectativa do povo da Antiga Aliança e é também o profeta do anúncio; João Batista prepara o caminho, mostra o Messias e torna-se o profeta que faz a ligação entre o Antigo e o Novo Testamento, comanda um brado de exortação, para que o povo prepare-se para receber o Messias, mostra Jesus ao povo e O batiza no Rio Jordão. O grito de penitência e conversão de João era a realização do que dissera o profeta Isaías: "Uma vez clama no deserto: preparai o caminho do Senhor, endireitai as suas veredas. Todo vale será aterrado, e todo monte e outeiro serão arrasados; tornar-se-á direito o que estiver torto, e os caminhos escabrosos serão aplainados. Todo homem verá a salvação de Deus" (Bíblia, 2006, Lc 3,4-6).

Em pleno centro do Advento, a figura de João Batista é recordada assim: "Predito por todos os profetas, esperado com amor de mãe pela Virgem Maria, Jesus foi anunciado e mostrado presente no mundo por São João Batista" (Sagrada..., 1992, p. 408).

A Virgem Maria ocupa posição de destaque nos domingos, quando entramos nas últimas semanas, na expectativa das celebrações natalinas. Maria é protótipo da humanidade redimida, fruto mais excelso da vinda redentora de Cristo. Ela emerge como modelo excelente dos necessitados que aguardam as promessas de Deus sem jamais duvidar de seu plano.

O Advento é tempo de uma madura esperança. Nesse sentido, nossa vida poderia ser um contínuo e perene Advento. Os três personagens do Advento devem ser grandes inspiradores e motivadores da nossa missão: como Isaías, anunciamos o Salvador Jesus; como João Batista, preparamos incansavelmente sua chegada; e como Maria, trazemos Jesus Cristo para a vida e para os irmãos, não deixando nunca faltar a presença de Jesus.

> O Advento é tempo de uma madura esperança. Nesse sentido, nossa vida poderia ser um contínuo e perene Advento.

A presença de Maria na liturgia do Advento, tanto na Palavra de Deus quanto na eucologia, é muito destacada. O paralelo que é feito dela com Eva sobressai na preparação próxima do Natal: "Em Maria, é-nos dada de novo a graça que por Eva tínhamos perdido. Em Maria, mãe de todos os seres humanos, a maternidade, livre do pecado e da morte, se abre para uma nova vida. Se grande era a nossa culpa, bem maior se apresenta a divina misericórdia" (Sagrada…, 1992, p. 409). Em Maria, a expectativa da vinda do Senhor é desfeita pela sua indispensável missão.

Nesse contexto, não podemos deixar de lado a figura importante de São José, que é a síntese do serviço silencioso, da prudência, da fidelidade, e homem de fé assim contemplado na Liturgia como "servo fiel e prudente [...] Sendo ele um homem justo, vós o destes por esposo à Virgem Maria, mãe de Deus, e o fizestes chefe da vossa família, para que guardasse, como pai, o vosso Filho único, concebido do Espírito Santo", conforme consta no Prefácio de São José (Sagrada…, 1992, p. 448).

Em suma, lembramos que o Advento, como um dos tempos fortes da liturgia, chega terminando o ano litúrgico e, ao mesmo tempo, dando início a um novo tempo, trazendo dupla finalidade: a expectativa da segunda vinda de Cristo e a preparação para celebrarmos, com muita profundidade, a solenidade do Natal. Apresenta-se, portanto, como tempo de devota e jubilosa espera, começando nas primeiras vésperas do sábado que antecedem o primeiro domingo do Advento, prolongando-se até a tarde do dia 24 de dezembro, quando se iniciam as festas do Natal.

Os dois aspectos do Advento estão bem definidos nos dois momentos desse tempo: do início, o qual, normalmente, acontece entre os últimos dias de novembro e o início de dezembro até o dia 16 de dezembro, inclusive a liturgia exprime o aspecto escatológico do Advento, impelindo-nos à segunda vinda de Cristo. Os dias compreendidos entre 17 e 24 de dezembro ordenam-se, mais diretamente, à preparação da solenidade natalina, nascimento de Nosso Senhor Jesus Cristo.

Composto de quatro domingos, o Advento não deve ser considerado um tempo de forte apelo penitencial. É tempo, sim, de solícita introspecção, sinalizada pela cor roxa.

Por ser tempo forte, as leituras bíblicas e os textos eucológicos são próprios e não devem ser mudados, a não ser que uma séria utilidade pastoral o exija, exceto nos dias em que os textos bíblicos e eucológicos são próprios: o Apóstolo Santo André, São Francisco Xavier, Santo Ambrósio, Imaculada Conceição, Nossa Senhora de Guadalupe, Santa Luzia e São João da Cruz.

É conveniente evitar certos aspectos muito festivos, de modo a não antecipar a plena alegria do Natal do Senhor. "Que os céus, das alturas, derramem o seu orvalho, que as nuvens façam chover a vitória; abra-se a terra e brote a felicidade e, ao mesmo tempo, faça germinar justiça! Sou eu, o Senhor, a causa de tudo isso" (Bíblia, 2006, Is 45,8).

A espiritualidade do Advento deve estar centrada na descoberta de que, na Belém de nossa vinda, na gruta de nosso coração, no presépio de nossa alma, Jesus quer se encarnar e renascer a cada momento.

5.3 A teologia subjacente e a riqueza simbólica

A estupenda constatação, quando se trata do Natal de Jesus, é o fato de que o Filho de Deus se fez carne, assumindo nossa natureza. O encontro do divino com o humano é visível e palpável, trazendo o admirável intercâmbio e iniciando, verdadeiramente, a história por meio da qual todos os seres humanos de boa vontade possam sair da incerteza do caminho para uma autêntica via iluminada, quando o próprio Jesus se autodefiniu como sendo Ele mesmo a verdadeira luz (Bíblia, 2019, Jo 8,12).

Esse intercâmbio verifica-se e opera-se na humanidade de Cristo. A sagrada Escritura trata cuidadosamente de trazer todos os elementos constitutivos da humanidade de Jesus. Buscou longe e nos apresentou os detalhes de sua genealogia. Teve o cuidado, por intermédio de Isaías, de antecipar, profeticamente, até de que lugar viria o Messias, dando-lhe um pai adotivo, da linhagem de Davi, para que tudo fosse cumprido com exatidão. Nossa real e íntima participação na natureza divina do Verbo é presença forte desse intercâmbio, cuja finalidade é nossa regeneração.

Na perspectiva da Páscoa, a leitura teológica muito clara que podemos fazer é a de que o Filho de Deus assume um corpo mortal para oferecê-lo ao Pai na máxima doação da cruz. Essa verdade encontra-se na Palavra de Deus:

> Eis porque, ao entrar no mundo, Cristo disse: "Não quiseste sacrifício nem oblação, mas me formaste um corpo. Holocaustos e sacrifícios pelo pecado não te agradam". Então eu disse: "Eis que venho, ó Deus, para fazer a tua vontade". Disse primeiro: "Tu não quiseste, tu não recebeste com agrado os sacrifícios, nem as ofertas, nem os holocaustos, nem as vítimas pelo pecado". Em seguida, ajuntou: "Eis que venho para fazer a tua vontade. Assim, aboliu o antigo regime e estabeleceu uma boa economia". (Bíblia, 2006, Hb 10,5-10)

De fato, ao morrer na cruz, Jesus expressou tudo o que falamos: "Pai, nas tuas mãos entrego o meu espírito" (Bíblia, 2006, Lc 23,46). A graça que o Natal nos oferece é a de que somos semelhantes ao Filho de Deus e, portanto, participamos da vida divina e, ao mesmo tempo, isso nos convida ao reconhecimento dessa dignidade que nos leva a adotar uma conduta digna como resposta a essa maravilhosa graça de adoção filial.

Todavia, como Deus nos torna seus filhos em Cristo, como resposta, de nossa obrigação de vida em comunhão fraterna não podendo ser diferente. O Natal nos convida a uma visão profunda na humanidade de Jesus em que está presente a real compreensão de cada e de todas as pessoas, pois Cristo, "novo Adão, na própria revelação do mistério do Pai e do seu amor, revela o homem em si mesmo e descobre-lhe a sua vocação sublime" (GS, 1965, n. 22).

A celebração natalina anual traz sempre um grande apelo popular, embora seu período seja bastante resumido. A força desse tempo concentra-se fortemente na autêntica celebração do Advento. Não há como esperar uma celebração natalina com profundidade sem que tenhamos vivido a espiritualidade do Advento. A semente do Verbo não encontrará terreno fértil para renascer se o coração humano não se tornar adequado para essa missão. Em cada ano, o Senhor quer celebrar a festa do amor em um amoroso coração humano. Os efeitos do Natal, necessariamente, passam pelos corações vigilantes e bem preparados. Natal é o Criador vindo à criatura, fazendo-se com ela uma só realidade; é o céu entrando em linha direta com a terra, via coração humano; é a esperança derrotando o desânimo, apontando o primado da libertação, porque temos Jesus; é o encontro de cada criatura com o Criador, em Jesus, para divinizá-la e eternizá-la, porque na eternidade divina assentamos nossa transitoriedade; é o divino assumindo nossa humanidade, e nossa humanidade apossando-se da divindade; o Senhor do mundo entra nos espaços de nossa história pela frágil criança de Belém e, em cada Natal, o local próprio de seu renascimento espiritual é o coração humano onde a vida encontrará força.

Natal é a luz dissipando as trevas da desesperança, da incerteza, do pessimismo e da angústia para dar espaço ao Senhor, que bate amorosamente, com muita seriedade, na consciência de cada um de nós, para recebermos o Amor que se fez pessoa em nossa existência. Desse modo, o Natal jamais pode ser visto como um dia ou como um tempo porque, no nosso tempo, Jesus quer renascer sempre.

As solenidades do Natal terão maiores fecundidades se forem vistas e celebradas em uma visão pascal. Muitas motivações nos ajudarão nessa indispensável descoberta, como, no seu nascimento, Jesus foi envolvido em faixas (Bíblia, 2019, Lc 2,7). Os quatro evangelistas falam que o corpo de Jesus foi retirado da cruz e envolvido em panos (Bíblia, 2019, Jo 19,40; Lc 23,53; Mc 15,46). Em ambos os momentos, o corpo do Senhor necessitou de ajuda para ser envolvido em um pano: na primeira vez, por sua fragilidade de criança recém-nascida e, na segunda, o corpo de Jesus estava sem vida.

Após a ressurreição, temos notícias de panos ao lado do sepulcro (Bíblia, 2019, Lc 24,12; Jo 20,6). Nos dois momentos anteriores, o corpo de Jesus foi envolvido com faixa e pano. No terceiro momento, os panos foram colocados de lado como elementos comprobatórios de que o Senhor não estava no sepulcro, porque havia ressuscitado.

No nascimento de Jesus, quando os magos foram visitar o Menino com os presentes oferecidos, uma rica comunicação simbólica estava presente: primeiro, os reis magos se prostraram diante do Menino. Na sexta-feira santa, há também prostração, e esse gesto é o reconhecimento da grandeza do mistério que não se consegue explicar. O gesto silencioso comunica mais do que certas palavras.

Os presentes que os reis magos ofereceram ao Menino Jesus são muito significativos (Bíblia, 2019, Lc 2,11): o incenso sinaliza a presença do divino. Na fragilidade daquela criança, estava presente o Deus onipotente. Na mirra, a sutil sinalização de sua humanidade, que, mais tarde, seria vencida pela morte. Mirra é odor para os cadáveres. Quanto ao ouro, símbolo da realeza, o próprio Senhor encarregou-se de dizer a Pilatos: "Eis, portanto, o rei? Respondeu Jesus: sim, eu sou Rei. É para dar testemunho da verdade que nasci e vim ao mundo. Todo o que é da verdade ouve minha voz" (Bíblia, 2006, Jo 18,37).

A liturgia do Natal é repleta de riquezas teológicas, espirituais e nos traz acenos vitais para homens e mulheres que fazem parcerias com

Jesus. Terminando o tempo do Advento, na tarde do dia 24 de dezembro, as luzes verdadeiras da espiritualidade natalina começam a brilhar com a missa da vigília, a qual dá início ao tempo do Natal com suas manifestações.

A oração do dia nos confere essa realidade: "Ó Deus que reacendeis em nós cada ano a jubilosa esperança da salvação, dai-nos contemplar com toda a confiança, quando vier como juiz, o Redentor que recebemos com alegria" (Sagrada..., 1992, p. 154).

A celebração do Natal reveste-se de um desafio poderoso, proporcionado pela demanda das compras e vendas, das festivas comemorações antecipadas e tantas outras. O tempo do Natal dos presentes, do "papai Noel" e do comércio começa antes do Advento e termina no dia 25 de dezembro, com as inevitáveis perguntas: Como foi o Natal? O que você pediu ao papai Noel? O destaque que se dá à figura do "papai Noel" pode ofuscar a verdadeira celebração natalina com a riqueza simbólica que essa figura traz, dificultando as pessoas perceberem que o verdadeiro presente é Jesus Cristo.

Quando a noite chega, o Natal tem a Santa Missa, cuja primeira oração define o acontecimento: "Ó Deus, que fizestes resplandecer esta noite santa com a claridade da verdadeira luz, concedei que, tendo vislumbrado na terra este mistério, possamos gozar no céu sua plenitude" (Sagrada..., 1992, p. 152).

O presépio, criado por inspiração de São Francisco de Assis, revela um linguajar silencioso muito expressivo: Jesus quer nascer e renascer na gruta do coração humano e ser iluminado pelas nossas virtudes. A árvore é um apelo para que produzamos frutos.

Os presentes oferecidos e recebidos no Natal devem nos sinalizar a necessidade de sermos dons para os irmãos, que são verdadeiros presentes para nós. Somos presentes para os outros, na medida em que os outros estiverem presentes em nossa vida e nós, na vida de cada pessoa.

Durante a noite, há uma terceira missa. No altar da eucaristia, o Verbo se faz carne hoje, e a nova luz do Verbo encarnado invade nosso coração. Quando o dia amanhece, existe a missa do dia, agora, sob a luz solar, brilha o verdadeiro Sol nascente, e a Igreja reza: "Ó Deus, que admiravelmente criastes o ser humano e mais admiravelmente restabelecestes a sua dignidade, dai-nos participar da divindade do vosso Filho, que se dignou assumir a nossa humanidade" (Sagrada..., 1992, p. 154). A Igreja, em sua sabedoria, com verdadeira maestria, sintetiza todo o mistério que celebramos no Natal.

A solenidade do Natal chega em contraposição às festas pagãs do Sol invicto e, principalmente, para dar a verdadeira interpretação doutrinária a respeito do Mistério da Encarnação sobre as terríveis teorias errôneas emanadas do *arianismo*, sendo seu fundador Ario, quem ensinava que o Filho de Deus não é de uma substância com Pai; é criado, não sendo, portanto, algum Deus. Essa heresia é, talvez, a mais tirana de todas as outras, como o gnosticismo, o docetismo, o maniqueísmo, o monofisismo.

Todas essas correntes, imperfeitamente chamadas de *filosóficas*, causaram enorme prejuízo na proclamação da fé em Jesus Cristo, verdadeiro Deus e verdadeiro homem. Maria Santíssima é a mãe do homem-Deus, Jesus Cristo, que tem naturezas divina e humana.

Os concílios de Niceia, de Constantinopla, de Éfeso e de Calcedônia, dos séculos IV e V, definiram as verdades cristológicas que proclamamos, quando rezamos a profissão de fé, mormente, o *símbolo niceno-constantinopolitano*. Esse nome deriva dos concílios de Niceia e de Constantinopla (Thomas, 1999).

O tempo do Natal tem duração de 15 dias, aproximadamente, mas é denso de profundidade doutrinária, teológica, espiritual e pastoral. A grande comunicação da imagem do Deus Menino, no presépio, é podermos vislumbrar o madeiro da cruz, sinal de vitória e de salvação. É por isso que o sacrifício dos mártires que não pouparam a própria vida tem valor incalculável para os fundamentos da nossa fé. Nessa visão é que entendemos ser um dia depois da Solenidade do dia 25 a festa do primeiro mártir, o diácono Santo Estêvão.

São João Evangelista, no segundo dia da oitava do Natal, faz com que retiremos os olhos do presépio e contemplemos o túmulo vazio com Maria Madalena. No presépio, o menino Jesus estava envolto em faixas; no túmulo, as faixas de linho, jogadas ao chão, comunicavam que a morte não derrotou Jesus e nossas amarras foram destruídas. Somos seres livres da escravidão do pecado. A morte não é o fim, porque foi impiedosamente vencida.

> Quem fica no presépio e não conhece o túmulo vazio não acompanhou o Deus Jesus revestido de nossa humanidade que recuperou sua dignidade, porque o túmulo não deteve Jesus, vida que não tem fim.

A festa dos mártires, santos inocentes, evoca uma página repleta de significados – a saber, não conheceram a Jesus e deram testemunho com o batismo de sangue, a perda da própria vida por Jesus, quando concretizaram as palavras de Jesus: "Porque o que quiser salvar a sua vida, perdê-la-á; mas quem perder a sua vida por amor de mim e do Evangelho, salvá-la-á" (Bíblia, 2006, Mc 8,35). O poeta Prudêncio definiu bem a presença do martírio dos inocentes: "Salve, ó flores dos mártires, que na alvorada do cristianismo fostes massacrados pelo perseguidor de Jesus, como um violento furacão arranca as rosas apenas desabrochadas. Vós fostes as primeiras vítimas, a tenra grei imolada, num mesmo altar recebestes a palma e a coroa" (Sgarbossa; Giovannini, 1983, p. 417). No martírio dos inocentes, realizou-se a profecia: "Eis o que diz o Senhor: Ouve-se em Rama uma voz, lamentos e amargos soluços. É Raquel que chora os filhos, recusando ser consolada, porque já não existem" (Bíblia, 2006, Jr 31,15). O apóstolo São Mateus, único evangelista a narrar esse fato, recupera a profecia de Jeremias e retrata as dores e os lamentos das inúmeras mães de cujos braços, certamente, foram arrancadas as indefesas crianças com até dois anos de idade (Bíblia, 2019, Mt 2,16-18).

A origem dessa festa é do século IV e apresenta um caráter jubiloso, e não de luto, em sintonia com os significativos costumes medievais que celebravam a festa dos meninos do coro e do serviço do altar, fazendo eco às palavras de Maria Santíssima: "Derrubou do trono os poderosos e exaltou os humildes" (Bíblia, 2006, Lc 1,52). A história jamais pôde conhecer os nomes dos santos inocentes; no entanto, na glória do céu, eles são exaltados. Na terra, eles não puderam conhecer Jesus Cristo; todavia, no céu, são companheiros do Senhor.

A oração da missa da festa dos Santos Inocentes é profunda: "Ó Deus, hoje os Santos Inocentes proclamam vossa glória não por palavras, mas pela própria morte; dai-nos também testemunhar com a nossa vida o que os nossos lábios professam" (Sagrada..., 1992, p. 725).

Vale uma reflexão trazida por essa oração: as crianças proclamam a glória de Deus com a própria morte, ao passo que nós somos convocados a testemunhar não com a morte, mas com a vida o que professamos com os lábios. As palavras sem ação concreta são um corpo sem vida.

O mês de dezembro termina com a memória facultativa do Papa São Silvestre I, em cujo pontificado se realizou o primeiro concílio ecumênico da Igreja, o Concílio de Niceia, em 325, que proclamou a fé na divindade de Cristo, Verbo consubstancial ao Pai. A presença das festas dos santos no decorrer do ano litúrgico, além de trazer suportes de crescimento humano e espiritual, é uma pedagogia inteligente. No do tempo natalino, temos São Basílio Magno e São Gregório Nazianzeno, nomes de destaque do Concílio de Constantinopla, em 381, contra as terríveis heresias cristológicas, extremamente danosas ao Verbo encarnado.

O esplendor com que se celebra o Natal respinga e acontece na ótica da Páscoa, muito bem recordado pelo Papa São Leão Magno, no dia de Natal, no século V: "Hoje, amados filhos, nasceu o nosso Salvador. Alegremo-nos. Não pode haver tristeza no dia em que nasce a vida; uma vida que, dissipando o temor da morte, enche-nos de alegria com a promessa da eternidade. Pelo sacramento do batismo nos tornamos templos do Espírito Santo" (Liturgia das Horas, 1995a, p. 362).

"Não expulsas com más ações tão grande hóspede, não recaias sob o jugo do demônio, porque o preço de tua salvação é o sangue de Cristo" (Liturgia das Horas, 1995a, p. 363). A Igreja, na liturgia natalina, fez a solenidade do Natal e da Páscoa se encontrar na cadência das celebrações, como: "Lembrai, autor da vida, nascido de Maria, que nossa forma humana, tomastes neste dia. A glória deste dia atesta um fato novo, que vós do Pai descendo, salvastes vosso povo. E nós, por vosso sangue remidos como povo, vos celebramos hoje, cantando um canto novo" (Liturgia das Horas, 1995a, p. 352).

Por meio da conjugação Natal e Páscoa que a Sagrada Liturgia, pela sabedoria da Igreja, consegue fazer, fica bem patente que é sempre Natal quando enfrentamos o desafio de ver Jesus, invisível em sua divindade, mas perfeitamente visível em cada pessoa, em cada ação e até na natureza. Contudo, não dá para ver o Senhor se nós mesmos não O tivermos em nossa vida, porque Ele quer continuar nascendo no íntimo de cada pessoa e de cada coração, agindo através de e até nós, apesar de nossas limitadas atitudes.

O Natal nunca poderá ser apenas recordações de um fato antigo, uma festa anual ou um aniversário sem o aniversariante, o que seria lastimável. É, sim, sentir a vida como dom; a fé, como compromisso e companheira diária; é a esperança que nos projeta no futuro mediante o conhecimento do verbo avançar; é a caridade que nos faz ver Deus no irmão e acolhê-lo no presépio de nosso coração. Nessa dimensão e nessa verdade, será sempre Natal que chega e fica, quando não interrompemos no irmão o direito dele de ser feliz. Não acabemos com a justa alegria do próximo e permitamos a nós e aos outros que o Natal continue.

5.4 A epifania do Sagrado pela ritualidade

A Sagrada Liturgia é sempre manifestativa. Qualquer ação litúrgica é uma ação epifânica que acontece mediante símbolos e sinais que vão formando o rito que comunica o mistério celebrado. Ela é a vida da Igreja, por ser o elemento de comunicação vital de nosso peregrinar terreno. "É a expressão autêntica, o elemento substancial da vida cristã. O povo cristão tem de beber desta fonte da liturgia, orar com ela e falar sua língua" (Flores, 2006, p. 116).

A dimensão celeste e terrena da oração litúrgica é o alimento do corpo místico. A Igreja se alimenta e nos alimenta, no exercício da dimensão litúrgica. Sem as ações litúrgicas, ficaria bem distante nossa possibilidade de comunicação com Deus, com os irmãos e com a natureza.

A liturgia é essencial para a nossa vida de comunhão, porque a Igreja é chamada a construir uma vida de unidade, requerida pela Trindade, a qual é comemorada nas várias manifestações celebrativas no decorrer do ano. Dessa forma, a ritualidade, em sua pedagogia, vai tornando a liturgia um indispensável traço de união e mestra-educadora da fé que faz do culto o espaço e o meio, para nos educar na fé, nos ensinar e nos reunir, propiciando uma ativa participação, por intermédio da qual mais facilmente acontecerá a mais estreita epifania do Sagrado.

A consciência amadurecida de que a liturgia é o verdadeiro culto da Igreja, conforme já tratamos quando abordamos o Movimento Litúrgico, leva-nos à noção fundamental de que o termo *culto* tem abrangência eclesial, opondo-se à compreensão de uma ação individualista e privativa, imprópria à liturgia. A Igreja, comunicadora, promotora e transmissora da santidade, tem na liturgia essa função para o cumprimento de sua missão.

O aspecto epifânico da liturgia é caminho e meio eficientes para o exercício do sacerdócio ministerial dos ministros ordenados e para o sacerdócio comum de todo o povo de Deus. Pelo **sacerdócio ministerial**, Cristo glorioso – cabeça do corpo místico, mas invisível – atua concretamente em sua Igreja. O ministro ordenado preside a liturgia da qual é o primeiro servidor. O protagonista da ação é Jesus Cristo, que exerce sua função na pessoa do ministro. A ação litúrgica estaria fortemente comprometida se o ministro pretendesse ser o centro dessa ação. Na humanidade do ministro, Jesus se visibiliza. Essa é a madura responsabilidade de se cristificar para poder ser e transmitir as maravilhas da graça e da santidade.

O sacerdócio ministerial não seria vital, necessário e útil se não houvesse o sacerdócio comum do povo de Deus. A Palavra de Deus nos trará luz e compreensão. Confira o trecho a seguir:

> Pois, como em um só corpo temos muitos membros e cada um dos nossos membros tem diferente função, assim nós, embora sejamos muitos, formamos um só corpo em Cristo, e cada um de nós é membro um do outro. Temos dons diferentes, conforme a graça que nos foi conferida. Aquele que tem o dom da profecia, exerça-o conforme a fé. Aquele que é chamado ao ministério, dedique-se ao ministério. (Bíblia, 2006, Rm 12,4-7)

O **sacerdócio comum** que tem no batismo seu princípio de incorporação, na vida eclesial assume sua condição de participante no mistério da redenção, ficando, assim, configurado a Cristo glorioso. Essa participação na morte e na ressurreição de Cristo é que fez de cada cristão um membro vivo e responsável na comunidade eclesial.

Pelo sacerdócio ministerial, o sacerdote realiza o sacrifício como representante de Cristo, e os fiéis, pelo sacerdócio comum, apresentam as oferendas, exercendo seu ministério de membros ativos do corpo místico.

Realiza-se, dessa maneira, o que preceitua o magistério da Igreja: "ninguém mais, nem mesmo um sacerdote, seguindo a própria inspiração, pode acrescentar, tirar ou mudar alguma coisa na liturgia" (SC, 1963, n. 22).

Jesus Cristo é o único sacerdote e dele é o único sacerdócio. As criaturas redimidas pela Páscoa do Senhor, no sacramento do batismo, e algumas dessas criaturas pelo sacramento da ordem, cada uma, a seu modo, participam do sacerdócio de Jesus Cristo. É sempre o corpo místico de Cristo que age. Nesse sentido, a liturgia é o exercício do único sacerdócio de Cristo pelos membros desse mesmo corpo, no ritmo e na pedagogia da Igreja.

> A liturgia é a piedade da Igreja em sua forma coletiva e social, é a prática cotidiana na vida religiosa da Igreja, é o exercício do sacerdócio de Jesus Cristo. A participação na liturgia da Igreja dá à nossa religiosidade o perfume austero que se respira no altar e, enchendo o coração com o sentimento generoso da vida cristã, entusiasma-nos para a conquista de um ideal altíssimo, Jesus Cristo, cada vez mais bem conhecido, mais bem amado, mais bem servido, primeiro por nós e depois, pelos outros. (Carnitti, citado por Flores, 2006, p. 162)

A epifania da Sagrada Liturgia, com toda a sua ação ritual, contemplando o sacerdócio de Jesus Cristo, mediante a conjugação do sacerdócio ministerial, para quem recebeu o sacramento da ordem e do sacerdócio comum dos fiéis, acontecerá como a apresentação de uma partitura composta e executada por obra do Espírito Santo.

Nossa exposição, até aqui, buscou apresentar a liturgia como a magna epifania própria de sua missão e, assim, pudemos enriquecer mais a densa ritualidade que as celebrações natalinas trazem pela sua exclusividade de festas epifânicas.

A própria palavra *natal* sinaliza vida, dia do nascimento e, no Natal de Jesus Cristo, sinaliza não só um aniversário, mas que Jesus é a própria vida. Nossa vida e Nosso aniversário assumem importância maior, porque participamos da vida divina, em Jesus Cristo. Em Jesus, Deus se manifesta corporalmente e caminha conosco. Só que é uma manifestação transformadora: Deus muda o trajeto de nossa estrada, porque, em Jesus, sabemos o caminho.

A presença de Jesus, ainda no útero materno, provocou manifestação no encontro de Maria com Isabel: "Pois assim que a voz de tua saudação chegou aos meus ouvidos, a criança estremeceu de alegria no meu seio" (Bíblia, 2006, Lc 1,44). João Batista, ainda no útero de Isabel, exultou com a chegada da grávida Maria à casa de Isabel. No nascimento de Jesus, um anjo se expressou, primeiramente, para, em seguida, uma multidão do exército celeste também se manifestar: "Glória a Deus no mais alto dos Céus e na terra paz aos homens, objeto da benevolência" (Bíblia, 2006, Lc 2,14).

Na apresentação do Menino Jesus, no templo, Simeão disse: "Agora, Senhor, deixai o vosso servo ir em paz, segundo a vossa palavra. Porque os meus olhos viram a vossa salvação que preparastes diante de todos os povos, como luz para iluminar as nações, e para a glória de vosso povo de Israel" (Bíblia, 2006, Lc 2,29-32). Também a profetiza Ana, a qual, "chegando ela à mesma hora, louvava a Deus e falava de Jesus a todos aqueles que em Jerusalém esperavam a libertação" (Bíblia, 2006, Lc 2,38).

Embora esses dois personagens apareçam após o tempo natalino, na festa da Apresentação do Senhor, o fato, como tal, encontra-se nas narrativas do nascimento do Senhor. A natureza também teve sua participação com a estrela que precedeu os magos até o recém-nascido: "E eis que a estrela, que tinham visto no oriente, os foi precedendo até chegar sobre o lugar onde estava o menino e ali parou" (Bíblia, 2006, Lc 2,9).

Durante todo o ciclo do Natal, é muito forte a presença de Maria, mãe de Deus, pois, se existe um mês de Maria, ele pode ser chamado de *tempo do Advento*. No curto prazo do tempo do Advento, além da celebração do dogma mariano, Imaculada Conceição, temos a celebração, para a América Latina, de Nossa Senhora de Guadalupe e, no tempo do Natal, a Solenidade da Santa Mãe de Deus. Em nossa exposição, constatamos a presença de Maria no ciclo do Natal e, no Capítulo 6 desta obra, retornaremos com a presença da Mãe de Jesus durante todo o ano litúrgico.

O ano civil começa no último dia da oitava do Natal, sob a significativa celebração de Maria, Mãe de Deus. Esse é um dos dogmas marianos, proclamado em 11 de outubro de 431, no Concílio de Éfeso. Essa solenidade coloca em foco o nome de Maria, mas a centralidade da celebração é a pessoa de Jesus. A figura de Maria já é uma epifania de alta magnitude, porque "Deus se fez carne por meio de Maria, começou a fazer parte de um povo, constituiu o centro da história. Ela é o ponto de união entre o céu e a terra. Sem Maria desencarna-se o Evangelho, desfigura-se e transforma-se em ideologia, em racionalismo espiritualista" (Documento de Puebla, 1979, n. 301).

A presença de Maria no tempo natalino é por demais significativa, em razão de seu papel de mãe na realização da promessa do Criador. Sua participação na história da Salvação nos faz vê-la com Jesus, quando nasceu e quando foi retirado da cruz, porque ela acompanhou Jesus do presépio ao calvário e à ascensão aos céus.

O Papa Paulo VI descreve, com rara beleza, a importância de Maria:

> Ela é a mulher forte que conheceu a pobreza e o sofrimento, a fuga e o exílio (cf Mt 2,13-23), situações essas que não podem escapar à atenção de quem quiser dar apoio, com espírito evangélico, às energias libertadoras do homem e da sociedade. Apresentar-se-á Maria como mulher que a sua ação favoreceu a fé da comunidade apostólica em Cristo e cuja função materna se dilatou, vindo a assumir, no calvário, dimensões universais. (Documento de Puebla, 1979, n. 302)

Se Maria fosse retirada do Evangelho, o Verbo não teria onde se encarnar, porque foi ela a escolhida para a missão de mãe. Se Maria se afastasse do calvário, a humanidade inteira estaria privada de ter Maria como mãe espiritual. Jesus nos chama de irmãos. Hoje, olhamos para Maria e ela nos aponta o presépio, o calvário, a Igreja e a eucaristia. A eucaristia é o Verbo que se faz carne, hoje, no altar do sacrifício.

É muito profundo o que o magistério da Igreja reconhece em Maria:

> Maria filha de Adão, consentindo na palavra divina, se fez mãe de Jesus. E abraçando a vontade salvífica de Deus com todo o coração, não retida por nenhum pecado, consagrou-se totalmente como serva do Senhor à pessoa e obra do seu Filho, servindo sob ele e com ele, por graça de Deus onipotente, ao mistério da redenção. (LG, 1964, n. 56)

A oração do dia primeiro de janeiro, oitava do Natal, solenidade da Santa Mãe de Deus, traz elementos profundos, retratando uma alta teologia doutrinal e espiritual: "Ó Deus, que pela virgindade fecunda de Maria destes à humanidade a salvação eterna, dai-nos contar sempre com a sua intercessão, pois ela nos trouxe o Autor da vida" (Sagrada..., 1992, p. 159).

Merecem destaques e reflexões o fato da virgindade fecunda de Maria, a qual se torna mãe do Verbo exatamente pela sua maternidade virginal, trazendo para a humanidade a salvação eterna, porque deu à luz o Autor da vida. Tudo isso aconteceu porque, "à sombra do Espírito Santo, ela concebeu o vosso Filho único e, permanecendo virgem, deu ao mundo a luz eterna, Jesus Cristo, Senhor nosso" (Sagrada..., 1992, p. 445).

Na Oitava do Natal, encontramos a significativa festa da Sagrada Família de Jesus, Maria e José. A presença de Maria e José, nesse contexto das celebrações natalinas, é maduramente pedagógica e de grande sabedoria. Jesus, "sendo ele de condição divina, não se prevaleceu de sua igualdade com Deus, mas aniquilou-se a si mesmo, assumindo a condição de escravo e assemelhando-se aos homens" (Bíblia, 2006, Fl 2,6-7), nascendo de uma mulher e tendo um pai adotivo. A liturgia dessa festa menciona que a Sagrada Família nos é dada como exemplo a ser imitado em nossos lares.

As notícias que os evangelistas trazem da Família de Nazaré são importantes para quaisquer membros unidos por laços familiares, principalmente os dissabores e sofrimentos. Já na concepção virginal de Maria aconteceu o primeiro dissabor: José resolveu rejeitar Maria (Bíblia, 2019, Mt 1,19). A cansativa viagem até Belém, a notícia de que Herodes pretendia matar o Menino Jesus e a fuga para o Egito são contratempos desagradáveis aos quais qualquer família está sujeita. A perda do Menino, na ida a Jerusalém para a festa da Páscoa, provocando preocupação, foi um momento forte para a cristologia, quando, aos 12 anos, Jesus revelou e manifestou sua identidade de filiação divina: "Porque me procuráveis? Não sabíeis que devo ocupar-me das coisas de meu Pai?" (Bíblia, 2006, Lc 2,49).

Nessa cena, alguns pontos merecem destaques e devem iluminar o ambiente de qualquer família: a preocupação atingiu pai e mãe – "eis que teu pai e eu andávamos à tua procura, cheios de aflição" (Bíblia, 2006, Lc 2,48). Os pais, provavelmente, não compreenderam a revelação do filho; Jesus acompanhou os pais a Nazaré, enquanto Maria guardava todas as coisas no coração (Bíblia, 2019, Lc 2,50-51). Jesus era submisso aos pais.

Quando Jesus, já crescido, fez a sua opção de vida, nada se sabe sobre a reação dos pais, José e Maria. Nem sempre a escolha feita pelo filho é a mais aceita pelos pais. Contudo, o momento é de dar um voto de confiança ao filho e não querer que ele realize sua própria escolha, mas a vontade dos pais. Jesus escolheu o caminho da cruz, e sua mãe escolheu acompanhá-lO. Quem ama de verdade não corre da cruz.

A cultura do sofrimento das famílias quase sempre se situa e se encontra quando a própria família desconhece a importância do morador Jesus, cuja ausência da família provoca rupturas incalculáveis. O amor pode estar virando um contínuo consórcio com o qual ninguém está comprometido, consequentemente, nesse ambiente, não haverá um perene presépio, e o Natal, que é a chegada de Jesus, não acontecerá.

Entre as várias epifanias ou manifestações contempladas no ciclo do Natal, encontramos a solenidade que se chama exatamente *Epifania*, a qual, aqui no Brasil, é celebrada no domingo mais próximo do dia 6 de janeiro, caso não seja um domingo o dia 6. É a solenidade que nos proporciona traçar um paralelo entre o ciclo do Natal e o ciclo pascal. Nos dois ciclos, a vida marca presença e se destaca. No Natal, a Palavra se faz vida, e nossa vida se enche de esperança. Na Páscoa, a vida renasce na ressurreição do Senhor. Durante a realidade da vida do Filho de Deus no Natal aconteceu o longo caminho do êxodo do povo da Antiga Aliança, ao passo que, para se chegar à vida que derrotou a morte, o caminho desenrolou-se até a cruz e da cruz ao túmulo vazio, quando a vida renasceu. Essa vida que renasce na ressurreição do Senhor é, por sua vez, fecundada pelo Espírito, em Pentecostes se desenvolve e produz frutos, regada e alimentada aos domingos do tempo comum. Nos diversos domingos, durante o ano, está a força que alimenta a vida renascida que recebe também a força proveniente dos tempos fortes, isto é, Advento e Natal, Quaresma e Páscoa.

A cor verde do tempo comum revela e sinaliza essa realidade da presença de vida. Árvores verdes manifestam vida e esperança de muitos frutos, caso vejam árvores frutíferas; do contrário, produzirão belas sombras que são necessárias à vida. Quando o sol destrói as árvores e as vegetações, a água diminui ou desaparece, tornando as vidas humana, animal e vegetal comprometida.

No ciclo do Natal, há realidades muito semelhantes: Natal é a vida que está em festa e celebrada. Jesus nasceu para que todos tenham vida. Ele mesmo disse ser esta vida; mas essa vida carece de manifestação. A Epifania traz exatamente essa realidade, como também as outras manifestações celebradas durante o tempo natalino: manifestação aos gentios representados pelos magos que vieram de longe; apresentação no batismo como Filho de Deus; e no primeiro milagre a revelação como Deus. Toda essa realidade de vitalidade da fé amadurecida verifica-se nas diversas celebrações do ano litúrgico, para proporcionar em nossa vida diária a indicação das virtudes.

> A finalidade da solenidade do Natal, com todo o desmembramento presente nesse tempo, é para que o Senhor se manifeste por meio de nossa vida cristã.

No exemplo da estrela está nosso desafiante compromisso de chegar a Jesus, proporcionando oportunidades, para que outros também o façam. E, quando isso acontece, o caminho até então percorrido precisa ser mudado. Não há como construir um caminho que não seja em parceria com Jesus, que é o próprio caminho.

O ciclo do Natal acontece para que preparemos o caminho do Senhor, que é o nosso caminho. O Natal é o encontro com um caminho novo, porque temos Jesus, que nos leva a deixar nossos caminhos, por vezes plenos de dúvidas, para que tomemos a estrada certa.

Importa-nos estar bem atentos às várias estrelas que a nós se manifestam e aparecem. Entre outras, podemos citar: a Palavra de Deus, a oração diária, os sacrifícios de que tratamos no Capítulo 4 desta obra, os sacramentos da penitência e da eucaristia, o magistério da Igreja, as pessoas com quem convivemos, os vários acontecimentos da vida, os estudos, as reflexões e as pesquisas. É sensato também que assumamos o exemplo da estrela no cumprimento de nossas funções na família, no trabalho, na comunidade eclesial e onde quer que estejamos. Afinal, o próprio Senhor nos disse: "Vós sois a luz do mundo" (Bíblia, 2006, Mt 5,14).

Hoje e sempre, o brilho das festas natalinas dependerá do brilho de nossas virtudes. Podemos, se assim não acontecer, correr o risco de depender de um mito, que pode ser até o papai Noel, para iluminar as festas do ciclo do Natal, recorrendo a uma apelação infantilizada. Dessa forma, a Epifania torna-se nossa vida. Somos todos seres epifânicos para nos manifestarmos, com nossas boas obras, dissipando as trevas, que são muitas.

A festa do Batismo de Jesus nem sempre é celebrada no domingo. Isso acontece quando a solenidade da Epifania não é celebrada nos primeiros dias de janeiro. Nesse caso, a festa realiza-se na segunda-feira depois do domingo da Epifania. Nesse acontecimento, o Pai realça a missão do Filho em um forte e esplendoroso momento trinitário. Jesus é proclamado filho bem amado, descendo sobre Ele o Espírito Santo que O investe da missão profética, real e sacerdotal.

O Batismo de Jesus visibiliza nossa condição de seres livres. O povo da Antiga Aliança atravessa o Mar Vermelho e torna-se um povo livre; Cristo, que "sai da água", exprime nossa libertação, porque somos o novo povo livre das amarras e agruras do pecado. Observamos que o Espírito não só desce sobre Cristo, mas permanece sobre Ele.

O Espírito que, depois do pecado, "não animará o ser humano para sempre" (Bíblia, 2006, Gn 6,3), agora permanece eternamente em Cristo, porque o Espírito do Senhor está sobre mim, porque Ele me consagrou com a unção, para anunciar a boa nova aos pobres; enviou-me para proclamar a libertação aos cativos e aos cegos a recuperação da vista; para libertar os oprimidos (Bíblia, 2019, Lc 4,18). Esse mesmo Espírito Santo foi prometido pelo próprio Jesus, antes de sua ascensão ao céu; ele desceria sobre cada pessoa: "descerá sobre vós o Espírito Santo e vos dará força; e sereis minhas testemunhas" (Bíblia, 2006, At 1,8).

Em Pentecostes, os seguidores de Jesus "estavam reunidos no mesmo lugar. De repente, veio do céu um ruído, como se soprasse um vento impetuoso, e encheu toda a casa onde estavam sentados [...] Ficaram todos cheios do Espírito Santo [...]" (Bíblia, 2006, At 2,1-4). A partir de Pentecostes, o Espírito Santo permanecerá para sempre em Cristo e na Igreja, que é seu complemento.

A grande comunicação proveniente da festa do Batismo do Senhor é a de que o nosso batismo torna-se o momento decisivo em nossa vida. Esse sacramento nos foi dado em nome de Cristo e nos faz entrar em comunhão com as Três Pessoas Divinas; integra-nos na família de Deus; é um novo nascimento; é uma passagem da solidariedade do pecado à solidariedade do amor; das trevas e da solidão ao mundo novo da fraternidade (Missal Dominical, 1995, p. 126).

A festa do Batismo do Senhor nos proporciona a grande alegria pela nossa regeneração e a inserção no corpo místico, para assumirmos, com Cristo, o trajeto de Belém ao Egito, onde esteve o povo em regime de escravidão. Jesus, sendo levado ao Egito, já sinalizava nossa futura libertação do pecado; do Egito a Nazaré; de Nazaré a Jerusalém, para abraçarmos com Ele a cruz. Quem segue Jesus está pronto a abraçar a cruz, porque quem ama assume também a dor. A dor assumida amadurece o amor, e o amor passa pela dor.

Síntese

O Advento e o Natal, os dois primeiros tempos fortes do ano litúrgico, formam esse ciclo após tantos séculos de espera. O Advento é tempo de madura expectativa, em seu primeiro momento, da segunda vinda do Senhor Jesus, que aqui retornará para dar a cada pessoa uma justa recompensa por todo e qualquer bem praticado. Nesse tremendo e glorioso dia, nada mais terá sentido maior do que tomarmos posse do Reino preparado para nós pela redenção de Jesus Cristo.

Esse tempo também nos prepara para celebrar a realização da promessa que Deus nos fez de enviar o Salvador. O Natal é exatamente a realização dessa promessa, acontecendo o magistral intercâmbio entre a divindade de Jesus, que a oferece a nós, e a nossa humanidade, recebida por Ele na frágil criança do presépio.

Atividades de autoavaliação

1. "Eis que a virgem concederá e dará à luz um filho e lhe porá o nome de Emanuel". Essa afirmação:
   a) consta no livro do Gênesis.
   b) é de João Batista.
   c) consta no Livro do Êxodo.
   d) é do profeta Isaías.

2. Os grandes personagens do ciclo do Natal, entre outros, são:
   a) Isaías, João Batista e Maria.
   b) Abraão, Moisés e José.
   c) Zacarias, João Batista e Isabel.
   d) Simeão, Davi e Moisés.

3. O Advento refere-se a:
   a) três vindas de Jesus.
   b) somente uma vinda de Jesus.
   c) duas vindas de Jesus.
   d) nenhuma das alternativas anteriores.

4. Jesus foi mostrado por:
   a) Zacarias.
   b) José.
   c) Simeão.
   d) João Batista.

5. O Advento, em sua primeira parte, celebra e nos prepara para:
   a) a festa do Natal.
   b) o aspecto escatológico, isto é, a segunda vinda de Jesus.
   c) os sacramentos.
   d) as celebrações litúrgicas.

Atividades de aprendizagem

Questões para reflexão

1. No ciclo do Natal, Jesus nos dá o que é dele, a divindade, e recebe o que é nosso, a humanidade. O que se pode concluir com essa afirmação?

2. Que elementos sinalizam a morte e a ressurreição de Jesus?

Atividade aplicada: prática

1. As festas natalinas são chamadas de *epifânicas*. O que é epifania?

6
Festas litúrgicas

Na exposição sobre as festas litúrgicas, observaremos que as festas, em geral, fazem parte da própria vida humana, que delas carece como verdadeira necessidade. A própria dinâmica da vida, em suas exigências antropológicas, sociais, memoriais e religiosas, entre outras razões, coloca as festas como realidade indispensável que alimentam a razão e o afeto.

As festas litúrgicas nos fazem penetrar fortemente nas celebrações durante o ano pela cadência da ritualidade e pelos fatos que elas trazem em seu amplo envolvimento celebrativo dos mistérios da nossa fé, tendo, no Mistério Pascal, a razão maior de todas essas festas. Isso é tanto verdade que, em toda semana, existe a celebração do domingo, nossa festa semanal da Páscoa.

As alegrias espirituais que as festas litúrgicas propiciam devem tornar-se maduras expectativas e meios para vivermos, no céu, a festa na eterna Jerusalém.

6.1 A presença das festas na vida humana: uma necessidade permanente

As festas fizeram parte, em todos os tempos, da própria história da humanidade. Elas recordam o passado, celebram o presente e tentam atingir o futuro. Elas entram no mais íntimo das pessoas que querem reverter uma situação, servindo de um antídoto que vem ao encontro de um estado de angústia pessoal ou de um grupo.

Em uma mesma e única festa, as pessoas podem querer atingir um fato presente na dimensão de amanhã. Por exemplo, uma comemoração festiva de um noivado, pensando em uma futura família que pode estar ali se iniciando.

Como bem define Dahler (1999, p. 5):

> As festas oferecem a ocasião de subtrair-se à realidade cotidiana ordinária, muitas vezes dolorosa, para entrar por alguns instantes num outro mundo, no qual frequentemente as convenções e os valores habituais não contam. Neste sentido, elas são, na verdade, um antídoto para a angústia individual e coletiva.

A palavra *festa*, que significa formar um círculo, evoca a lembrança de uma reunião em torno de pessoas que fazem parte de nossa vida familiar, de amizade celebrativa que expresse algo pertinente a esse grupo reunido com objetivos comuns. Não há como realizar uma festa sem um objetivo concreto, o qual pode ser um fato passado, uma pessoa, uma conquista ou, até mesmo, para colocar alguém no "círculo", para tirá-lo da solidão ou da tristeza.

6.1.1 A força celebrativa na dinâmica da vida

A festa é momento para expressar gratidão e manifestar, por intermédio de símbolos e de gestos, atitudes de justo reconhecimento a pessoas que fizeram por merecer tal manifestação. Nesse sentido, o que a festa pretende realizar é a virtude da gratidão.

> As festas, portanto, celebram acontecimentos, pessoas e fatos, tornando célebres essas realidades e nos colocando em linha direta com pessoas e fatos que nos proporcionam riquezas.

Como o povo da Antiga Aliança poderia esquecer a libertação do Egito? A festa anual da Páscoa judaica o colocava – e ainda o coloca – em sintonia com o acontecimento determinante de sua história. Qualquer país do planeta, qualquer estado e qualquer município celebram suas festas nos aniversários de seus heróis ou de algum acontecimento significativo.

A ausência da festa pode produzir esquecimento. Ela mantém acesa a chama memorial, proporciona a arte do encontro, produz alegria e alimenta o afeto. A festa pode ser essência em toda vida humana, por ser oportunidade que alarga faculdades afetivas, contemplativas, culturais, sociais, espirituais, entre outras.

6.1.2 O que é celebrar e quando celebrar?

O verbo *celebrar*, certamente, está bem próximo do verbo *festejar*, estabelecendo uma madura parceria. O que conta, de fato, na celebração de uma festa são os efeitos que ela provoca. Uma festa precisa produzir efeitos positivos que permaneçam, e esse efeito é exatamente celebrizar, tornar célebre.

Tornar célebre é a capacidade que a festa representa na construção da nossa vida. A festa ajuda a preencher nossas limitações e concorre para a compreensão de nossos limites.

Depois desses encaminhamentos quanto à posição das festas na vida humana e mostrando suas reais importâncias, procuraremos abordar as festas litúrgicas, as quais são componentes vitais na realidade de todas e de cada pessoa. Não podemos nos esquecer de que as festas atingem nossos afetos e nossas atitudes psíquicas, emocionais e espirituais. As festas litúrgicas acontecem nessas direções, tendo como centro a festa máxima: a Páscoa. Por causa de Jesus Cristo, vencedor do pecado e da morte que nos conferiu a certeza de podermos celebrar a festa no céu, celebramos as festas litúrgicas.

As festas litúrgicas são essenciais porque, por meio delas e de suas repetições durante o ano, a Igreja terá a oportunidade de um contínuo, constante e ininterrupto contato com o Senhor. Elas são como uma grande espiral na vida da Igreja, as quais, repetidas, oferecem oportunidades para um contato com os mistérios do Senhor. O foco e o centro de todas as celebrações é Jesus Cristo. Toda e qualquer festa que tivesse outro direcionamento e referencial que não fosse o Mistério Pascal perderia por completo sua finalidade. As festas atualizam esse mistério que é a festa maior.

Cada festa litúrgica tem objetivos essenciais: a proclamação das maravilhas de Cristo e a atualização dos mistérios relativos a Jesus

Cristo, cuja direção é Deus, admirável em seus santos, quando a festa contempla a memória de algum santo. O aspecto *anamnético* da festa e sua realização só existem porque são indicações e métodos para que a Páscoa possa ser celebrada perenemente durante o ano e na vida.

Assim, retrataremos, com base no que já aqui foi exposto, a proposta metodológica, simultaneamente, quanto à essência e aos acidentes nas diversas festas litúrgicas, bem como a força celebrativa na dinâmica da vida. Nesse contexto, procuraremos envolver os verbos *ver*, *julgar* e *agir* no desenvolvimento da abordagem.

Em Cristo centralizam-se todas as celebrações e todas as festas, que são momentos históricos que existem para a nossa salvação. Nelas, nosso tempo assume valor de momento salvífico. Em nosso tempo é inserido o próprio tempo da salvação, por Cristo, em Cristo e com Cristo. O tempo da salvação insere-se no nosso tempo, embora não seja condicionado a ele. Na pedagogia divina, todos os movimentos e elementos, inclusive os cósmicos, influenciaram a existência de muitas festas.

Quando observamos as festas litúrgicas ciclicamente na realidade temporal, à qual damos o nome do ano litúrgico, chega à nossa compreensão que o tempo da liturgia é sintetizado e caracterizado pela circularidade – haja vista que *festa* significa formar em círculo –, maneira própria do ano cósmico. Desse modo, nosso tempo assume e sintetiza a largueza da história da salvação, sem poder encerrar essa história dentro de seu limitado círculo.

Não podemos escapar da visão teológica, espiritual e pastoral de que "o evento de Cristo, com seu ápice na Páscoa, dá plenitude ao tempo, mas não o encerra; por isso, todo homem que vive na história é chamado a ser envolvido no evento salvífico. Assim, a Liturgia faz realmente a história da salvação, enchendo o tempo do mistério de Cristo" (Nocent, 1991, p. 29).

Quais são as principais festas litúrgicas? Quando são celebradas? Que grandes legados elas deixam? Esses são os conteúdos que procuraremos desenvolver em três grandes direções: Cristo como centro e expressão máxima; a Virgem Maria e os Santos em suas principais festas litúrgicas; e as festas cristológicas como referência para as festas marianas e as festas dos santos.

6.2 Essência e acidente nas diversas festas

Todas as festas litúrgicas são, necessariamente, cristocêntricas, tendo em vista que todas as ações partem do Mistério Pascal, evidenciam-se nEle e, através dEle, dirigem-se para ele. Tudo começa com Jesus, tudo se realiza em Jesus e termina em Jesus – *terminar* no sentido transitório de nossas celebrações litúrgicas, porque Jesus é o Senhor cujo reinado nunca terá fim.

No presente estudo, em particular nos Capítulos 2, 3 e 4, tivemos a oportunidade de fazer um longo caminho da promessa do Salvador, do presépio à cruz, do sepulcro ao triunfo glorioso na ascensão ao céu. A pessoa de Jesus esteve presente em todas as nossas abordagens. Muitas vezes lançamos mão de repetições, cuidando para não ser enfadonhos, mas buscando fazer de tudo para a melhor compreensão do domingo, do tríduo pascal e do ciclo pascal.

Para tratar das festas litúrgicas, não há alternativas que não tenham como expressão máxima Jesus Cristo, que, em seu Mistério Pascal, chamou sobre si todo o universo, todas as pessoas, o cosmo com a presença da vida animal e vegetal. Em primeiro plano, evidenciam-se as celebrações referentes a Jesus, de seu anúncio à sua ascensão.

Durante o ano litúrgico, existem solenidades cristocêntricas que excedem todas as festas litúrgicas que destacaremos: **A anunciação do Senhor**, em 25 de março, é, com certeza, a inauguração de uma esperança há tantos anos aguardada. O filho de Deus se fez carne para, em obediência ao Pai, consumar seu sacrifício redentor. Abre-se para o mundo um novo e eterno horizonte do amor sem limite. A Igreja, a exemplo de Maria, entra e participa de maneira total da vida do Cristo obediente, vivendo intensamente a anunciação na fé e no sentido pascal.

Nessa solenidade, quando se celebra o dogma da maternidade virginal de Maria, o povo da promessa se associa a Maria, para se tornar um novo povo, que é a Igreja de Cristo. Com essa solenidade litúrgica, Deus, o Senhor do tempo, entra no nosso tempo para desfazer as amarras que não permitiam nossa saída daqui e, em Jesus, transforma nosso tempo para nos antecipar um tempo de glória. Estamos neste tempo, mas como passageiros, porque o Senhor do tempo não nos quer aqui para sempre e traça para nós um programa de eternidade.

Revestida dessa plena certeza, a Igreja, no dia da anunciação da encarnação do Verbo, pede ao Pai que possamos participar da divindade do Redentor, a quem proclamamos verdadeiro Deus e verdadeiro homem. E a Igreja continua dizendo que "a Virgem Maria recebeu com fé o anúncio do Anjo e à sombra do Espírito Santo acolheu com amor, no seio puríssimo, Aquele que, para salvar os seres humanos quis nascer entre eles. Assim, cumpriram-se as promessas feitas a Israel, e, de modo inefável realizava-se a esperança das nações" (Sagrada..., 1992, p. 565). Essa é a solenidade da alegria, pelo fato de começar a se desfazer toda e qualquer desesperança, porque é o início da realização do que disse o profeta: "O povo que andava numa região tenebrosa resplandeceu numa luz" (Bíblia, 2006, Is 9,1).

A liturgia da anunciação do Senhor continua anunciando que a encarnação do Verbo, assumindo nossa carne, é a promessa do Criador, que se inicia na história em curso da humanidade. No íntimo de cada pessoa e na nossa carne, a Palavra precisa se encarnar para que a festa celebrada pela Igreja não seja apenas um memorial, mas a atualização do acontecimento com repercussão em todos os tempos. A semente do Verbo continua sendo cultivada, é de excelente qualidade e "dá frutos, cem por um, sessenta por um, trinta por um" (Bíblia, 2006, Lc 13,8). A Palavra de Deus, que é franqueada e semeada em cada coração humano, carece de solo fértil, a exemplo de Nossa Senhora, e não pode retornar sem germinar, conforme a própria Palavra nos disse: "A Palavra não volta sem ter produzido seu efeito, nem ter executado minha vontade e cumprido minha missão" (Bíblia, 2006, Is 55,11).

Quando a Sagrada Liturgia celebra esse determinante acontecimento de nossa vida, no momento da profissão de fé, a assembleia se manifesta ao rezar: "e por nós, homens, e para nossa salvação desceu dos céus: e se encarnou pelo Espírito Santo, no seio da Virgem Maria, e se fez homem" (Sagrada..., 1992, p. 401), colocando-se de joelhos.

> Se, em nós, Jesus não puder se encarnar, ficaremos vazios e desprovidos da luz divina e jamais poderemos realizar nossa missão de luz do mundo.

Outra grande solenidade em torno da pessoa de Jesus é a ascensão, celebrada no ciclo Pascal. Essa grande comemoração se relaciona, de certo modo, à solenidade da anunciação do Senhor. Na anunciação, começa a história de Jesus Cristo aqui na terra e, na ascensão, termina a história de Deus feito homem entre nós. A presença do Senhor continua, mas através da Igreja e de cada pessoa. Só O veremos de novo em sua segunda vinda.

"Por que ficais aqui, parados, olhando para o céu? Esse Jesus que vos foi levado para o céu, virá do mesmo modo como o vistes partir para o céu" (Bíblia, 2006, At 1,11). A contemplação é importante, para nos certificarmos e tomarmos consciência da missão a ser realizada. Estarmos parados, olhando somente para cima, nos impossibilita de partirmos para a ação. Nossa Senhora recebeu Jesus no seu ventre e partiu para estar com sua prima Isabel (Bíblia, 2019, Lc 1,39-45). A ordem de Jesus para a ação é muito clara: "Ide por todo o mundo e pregai o Evangelho a toda criatura" (Bíblia, 2006, Mc 16,15).

Outra grande comunicação da festa litúrgica da ascensão é a de que a vitória de Jesus também é nossa vitória. Afinal, o Senhor foi preparar nosso lugar. A motivação da eternidade torna-se muito grande, para cumprirmos o programa que Jesus determinou para todos nós: "Ide, pois, e ensinai a todas as nações: batizai-as em nome do Pai, do Filho e do Espírito Santo. Ensinai a observar tudo o que vos prescrevi. Eis que estou convosco todos os dias, até o fim do mundo" (Bíblia, 2006, Mt 28,19-20).

A comunicação que a liturgia nos fez nessa celebração é a de que a subida de Jesus Cristo aos céus já é uma vitória e que esse acontecimento não significa afastamento de nossa humildade, mas ocorreu para dar-nos a certeza de que nos conduzirá à glória da imortalidade (Sagrada..., 1992, p. 426).

A celebração do Sagrado Coração de Jesus, no centro do ano litúrgico, já é simbólica, uma vez que o coração é o símbolo da profundidade e da autenticidade dos sentimentos e palavras, transmitindo o amor como fonte maior e mais profunda. Em sua vida pública, Jesus declarou pessoalmente: "Vinde a mim, vós todos que estais aflitos sob o fardo, e eu vos aliviarei. Tomai meu jugo sobre vós e recebei minha doutrina, porque eu sou manso e humilde de coração e achareis o repouso para as vossas almas. Porque meu jugo é suave e meu peso é leve" (Bíblia, 2006, Mt 11,28-30).

> A ordem de Jesus para a ação é muito clara: "Ide por todo o mundo e pregai o Evangelho a toda criatura" (Bíblia, 2006, Mc 16,15).

É encantador e nos emociona a maneira como Jesus reagia diante da natureza, da pureza das crianças, do olhar de um jovem, com sentimentos misericordiosos com relação a pecadores, doentes, viúvas, multidão faminta, amizade com os apóstolos, Lázaro e suas irmãs, compaixão extrema com os renegados da sociedade e tantas outras manifestações próprias de um coração dolorido por nossas misérias. Contudo, a prova mais alta do coração de Jesus nos foi dada na cruz. O mistério do homem que se deixa transpassar é real mostragem do coração de Jesus. O coração é a síntese e a soma dos sentimentos humanos. Ao matar o coração, morre todo o corpo, porque coração é sinônimo de vida. Ele não pode parar. Confunde-se com amor e é capaz de destruir a dor. Ele é a realidade mais íntima, unificante e evocadora por onde passam e se experimentam as análises do ser humano.

A celebração festiva do Coração de Jesus nos coloca em via direta com várias conclusões: a certeza do amor do coração de Jesus pela humanidade, na prova maior acontecida na cruz, quando foi transpassado por uma lança e sinalizou que o Senhor morreu de amor por todos nós. Doar a vida por alguém é a prova maior de amor. O coração humano ferido e em desalinho tem, no coração de Jesus, o referencial maior para onde recorrer e não há coração mais superior no qual o inquieto coração humano possa encontrar a verdadeira paz. Aliás, como afirmava Santo Agostinho, o coração humano só encontrará paz no coração de Jesus.

A festa do Coração é, portanto, a exaltação do amor; tudo é devido ao amor: da criação à redenção. Nada é mais viril e mais forte do que o amor divino-humano de Cristo. Fica fácil concluir que não há nada mais verdadeiro e mais nobre do que reconhecer e retribuir esse amor.

O fato de a lança abrir o lado de Jesus pode estar nos sinalizando que "fechar" o coração é não dar espaço para entrar o amor. E onde não entra o amor, Deus não entrará, porque Deus é amor.

Entre as festas cristológicas encontramos a solenidade do Corpo e Sangue de Cristo, celebrada na quinta-feira após o domingo da Santíssima Trindade. No Capítulo 3, quando abordamos o tríduo pascal, mencionamos que ele começa exatamente com a celebração da missa, na ceia do Senhor, quando Jesus instituiu a eucaristia. Parece que esse dia evoca e recorda o dom precioso da eucaristia, o amor que se fez pão e que se fez vinho. Isso é fácil de dedução, porque a eucaristia é Jesus, Jesus é Deus e Deus é amor.

Nesse dia, que é o único do ano dedicado à proclamação pública à eucaristia, realiza-se uma memória fundamentada na fé nesse autêntico sinal da Páscoa de Jesus. Contudo, essa memória é entendida em uma unidade superior plena de realidade. A eucaristia é uma epifania concreta e sacramental da Páscoa percebida por meio da fé, por ser a eucaristia uma memória de fé. Jamais se poderia dizer que a eucaristia nos lembra Jesus. A eucaristia é Jesus Cristo escondido nas sagradas espécies eucarísticas e visível no rosto de cada pessoa.

Data tal solenidade de 11 de agosto de 1264, século XI, introduzida na Igreja pelo Papa Urbano IV, como um culto público a esse dom maior de nossa fé. É a maior devoção, por se tratar de adoração ao mistério eucarístico, com forte pedagogia de proporcionar aos fiéis que se aproximem da sagrada hóstia, visto que, no passado, até a visibilidade do altar era bastante dificultada. A instituição dessa festa revela um afeto muito grande da Igreja.

Transcrevemos, a seguir, apenas algumas partes daquilo que coube a Santo Tomás de Aquino escrever, com profundidade:

> "Hoje a Igreja te convida: ao pão vivo que dá vida vem com ela celebrar! Este pão, que o mundo o creia! Por Jesus, na Santa Ceia foi entregue aos que escolheu [...] O que Cristo faz na ceia, manda à Igreja que o rodeia repeti-lo até voltar [...] Faz-se

> carne o pão de trigo, faz-se sangue o vinho amigo: deve-o crer todo cristão [...] Pão e vinho, eis o que vemos; mas ao Cristo é que nós temos em tão ínfimos sinais. Alimento verdadeiro, permanece o Cristo inteiro quer no vinho, quer no pão." (Missal Dominical, 1995, p. 498)

No passado, nos tempos medievais, os excessos quanto à devoção a Jesus Sacramentado trouxeram sofrimentos à ação celebrativa da Igreja. É necessária uma clara consciência de que a presença real de Cristo na eucaristia estabelece uma nova e eterna aliança entre Deus e a humanidade, por ser a eucaristia o centro vital da Igreja para a edificação do corpo místico.

Já tivemos exageros de fazer do culto eucarístico, fora da celebração da missa, realidade superior à própria missa, chegando até a manter o Santíssimo exposto acima do Sacrário durante a missa. Constatamos, infelizmente, que esses excessos tenham aparecido, com certa frequência, em graus bastante preocupantes: os passeios com o Santíssimo, acompanhados de histerismos, ruídos, toques, gestualidades exageradas, sem um maduro caráter eclesial, parece não ser caminho recomendável. Essas constatações, muitas vezes, apresentam-se acompanhadas de instrumentos em alto som e de músicas por demais intimistas, desprovidas de uma teologia firme, de doutrina e de espiritualidade, apelando somente para um sentimentalismo infantilizado.

O culto à eucaristia mostra, necessariamente, a face de Jesus, que revela a face do amor presente no rosto do irmão na mística da partilha, da humildade e do serviço. Na solenidade de *Corpus Christi* acompanhamos Jesus-Eucaristia em procissão, no calor da presença do irmão, buscando uma vida maduramente eclesial, para que "caminhando entre as coisas que passam abraçar as que não passam" (Sagrada..., 1992, p. 129).

A Igreja, desde 1456, estende também para o Ocidente a festa da **Transfiguração do Senhor** e, com isso, podemos nos enriquecer com a sólida presença de muitos elementos significativos. A leitura que se fez com o acontecimento da transfiguração parece ser a intenção de Jesus de proporcionar aos três apóstolos Pedro, Tiago e João – e, através deles, a toda a humanidade – um verdadeiro e autêntico antídoto que a todos fortaleça na firme convicção da divindade do Senhor, quando chegasse o terrível momento da Paixão dolorosa em todos os seus desmembramentos.

O fato da transfiguração nos evangelhos sinóticos (Bíblia, 2019, Mt 17,1-9; Mc 9,2-13; Lc 9,28-36) deve nos conduzir à contemplação das cenas de ultraje feitas a Jesus citadas nos Evangelhos (Bíblia, 2019, Mt 27,27-31; Mc 15,16-20; Jo 19,2ss): na transfiguração, o rosto de Jesus brilhou como sol; na casa de Pilatos, trançaram uma coroa de espinhos e a colocaram na cabeça dEle; no monte Tabor, Pedro quis permanecer; nos ultrajes de Jesus, após a prisão, o mesmo Pedro negou que O conhecesse; além da companhia dos três apóstolos, apareceram outras possíveis, como Moisés e Elias; na condenação de Jesus, Ele estava sem esses companheiros e, na cruz, somente o apóstolo João se fizera presente. Na montanha da transfiguração, ouviu-se uma voz, que dizia: "Eis o meu filho muito amado, em quem pus toda minha afeição; ouvi-o" (Bíblia, 2006, Mt 17,5); na casa de Pilatos, o povo preferiu que se soltasse Barrabás e se prendesse Jesus. Na transfiguração, em uma análise humana apressada, foi possível ver no rosto de Jesus a imagem vitoriosa, e no calvário e na cruz, a imagem da derrota total.

A Festa da Transfiguração, em sua celestial pedagogia, antecipa e manifesta a clara dimensão pascal e escatológica da liturgia e de toda a vida cristã. Está clara também a profecia do êxodo de Jesus para o Pai.

Com Jesus na transfiguração, somos chamados também a acompanhá-lO à casa de Pilatos, após a paixão, e seguir com Ele até a cruz para contemplá-lO todo desfigurado; ajudar a levar seu corpo sem vida ao sepulcro; aguardar o terceiro dia; vê-lO ressuscitado; contemplar sua ascensão ao Céu, para estarmos com Ele tanto nos sofrimentos quanto nas alegrias; aguardando sua vinda, para assumirmos a glória que Ele preparou para todos nós no céu.

> A grande verdade da transfiguração do Senhor, conforme a liturgia dessa festa, é a de que Jesus manifestou sua glória e fez resplandecer seu corpo, igual ao nosso, para que os discípulos e todos nós não nos escandalizássemos com a sua e com a nossa cruz.

Nosso Senhor Jesus Cristo, Rei do Universo, é a Solenidade do último domingo do ano litúrgico porque, com o domingo seguinte, inicia-se o tempo do Advento, novo ano litúrgico. Jesus Cristo é rei, por ser Ele o único mediador da salvação de toda a criação. Segundo o desígnio do Pai, nEle todas as coisas encontram seu referencial, na subsistência e em seu acabamento. Ele é rei para criar um povo livre, sobretudo para amar, buscando a cultura da acolhida principalmente daquelas pessoas com os seus costumes diferentes de nossas culturas.

Durante a vida pública, Jesus se refugiava quando o povo queria fazê-lo rei. No entanto, diante de Pilatos, quando lhe era tirada sua liberdade – porque estava preso –, Ele respondeu, categoricamente, à pergunta: "És tu o rei dos judeus? Respondeu Jesus: sim, eu sou rei. É para dar testemunho da verdade que nasci e vim ao mundo. Todo o que é da verdade ouve a minha voz" (Bíblia, 2006, Jo 18,33-37).

A realeza de Jesus está em fazer a vontade do Pai: servir e não ser servido; doar a vida pela humanidade; subir ao céu e preparar nosso reinado. A grande comunicação dessa festa litúrgica é a nossa tomada de consciência de que todo e qualquer reinado aqui da terra, simbolizado por qualquer apego a bens e a pessoas, tira-nos o primado da liberdade incondicional para a abrangência que o amor exige.

6.3 As festas litúrgicas referentes a Maria

A tarefa de estabelecer uma localização quanto às devoções à Maria Santíssima não é muito grande. As grandes comemorações de cunho popular são, certamente, mais antigas do que as festas litúrgicas, com enfoques à pessoa de Maria. Talvez, a partir do ano de 431, com a proclamação do dogma da maternidade divina de Maria, tenha havido um notável impulso ao desenvolvimento do culto mariano, tanto na piedade popular quanto na liturgia.

As festas litúrgicas marianas ressaltam e proclamam as maravilhas de Cristo em Maria, conduzindo-nos a repetir seus exemplos. A centralidade das festas e a motivação maior são sempre a pessoa de Jesus Cristo. Portanto, celebra-se o Mistério Pascal na memória de Maria. O mediador da vida do Pai, o modelo maior e essencial, é sempre Jesus Cristo.

Aqui, procuraremos trazer os grandes momentos com a presença marcante de Nossa Senhora, chamada pela liturgia de *Santa Maria*, lembrando que o culto mariano não pode existir como algo independente e paralelo. Não existe "mariocentrismo", mas **cristocentrismo**, por estar integrado no mistério de Cristo e da Igreja. Maria sempre revela, de maneira forte, o mistério de Cristo e da Igreja, e esse mistério é vivido pela Igreja através da pessoa de Maria, que nos facilita e nos ajuda nesse dinâmico desafio.

Toda a economia da salvação é contemplada pela Igreja na celebração dos **quatro dogmas marianos**. As quatro verdades definidas sobre Maria estão presentes em todos os tempos do ano litúrgico. No Advento, encontramos e celebramos o dogma da Imaculada Conceição, com repercussão no tempo do Natal. O Filho de Deus nascerá de uma mãe toda santa, isenta de qualquer mancha de pecado. A encarnação do Verbo, cuja celebração acontece após minuciosa preparação na segunda parte do Advento, tem seu desfecho no nascimento de Jesus.

Na celebração da festa litúrgica da **Imaculada Conceição de Nossa Senhora**, a Igreja revive o momento da promessa (Bíblia, 2019, Gn 3,15) e o meio pelo qual a promessa aconteceria no *sim* maduro de Maria (Bíblia, 2019, Lc 1,38). Novos tempos começaram a existir nesse diálogo firme entre Nossa Senhora e o anjo, enviado de Deus, acontecido em nosso planeta: "Eis que conceberás e darás à luz um filho, e lhe porás o nome de Jesus" (Bíblia, 2006, Lc 1,31). Essa foi a notícia que o anjo deu a Maria, que o escutou. Em seguida, a pergunta firme e decisiva: "Como se fará isto, pois não conheço homem?" (Bíblia, 2006, Lc 1,34).

Para assumirmos encargos e funções de grandes responsabilidades, é preciso segurança, maturidade e plena certeza da missão a ser executada. A missão recebida nunca pode ser vista como oportunidade para engrandecer, mas para que o irmão se beneficie e a glória de Deus prevaleça. Não podemos centralizar em nós a missão; do contrário, isso pode tornar-se um egocentrismo que não constrói. É mais aconselhável termos em mente esta máxima de Jesus: "Eis que venho para fazer a tua vontade" (Bíblia, 2006, Hb 10,9), ou, ainda, "Assim como o Filho do homem veio, não para ser servido, mas para servir e dar sua vida em resgate por uma multidão" (Bíblia, 2006, Mt 20,28). Aprender a colocar a vontade de Deus em primeiro lugar é o que a festa litúrgica da Imaculada Conceição nos ensina hoje. Devemos entender que limitações e incompetências são prerrogativas nossas, porque "para Deus nada é impossível" (Bíblia, 2006, Lc 1,37). Essa verdade definida pela Igreja foi proclamada em 1854, pelo Papa Pio IX, assunto já apresentado quando tratamos das festas epifânicas no ciclo do Natal.

A colocação das maiores festas marianas no decorrer do ano litúrgico já manifesta e sinaliza a importância de Maria no plano de nossa própria salvação. Essas festas se encontram nos quatro tempos fortes. Isso se explica pelo fato de a celebração do dogma da **Maternidade Virginal de Maria** coincidir com a Semana Santa, pois a comemoração ocorre na oitava da Páscoa. Assim, a mesma festa litúrgica ora está colocada no tempo da quaresma, ora no tempo da Páscoa.

No tempo Comum, celebramos a festa litúrgica do dogma da **Assunção de Nossa Senhora**, verdade definida e proclamada, em 1950, pelo Papa Pio XII. Essa festa deve ser vista e celebrada à luz da verdade proclamada no dogma da Imaculada Conceição, pelo qual a Mãe de Deus foi preservada da mancha do pecado original. A morte existe por causa do pecado original. Maria, não tendo pecado, não poderia pagar, pela morte, uma pena que não conheceu.

É a justiça divina realizando-se na pessoa de Maria, que foi elevada ao céu de corpo e alma.

> A Imaculada Virgem, preservada imune de toda mancha de culpa original, terminado o curso da sua vida terrestre, foi elevada em corpo e alma à glória celeste e pelo Senhor exaltada qual Rainha do universo, para que mais plenamente estivesse conforme o seu Filho, Senhor dos Senhores e vencedor do pecado e da morte. (LG, 1964, n. 59)

Na festa litúrgica de Maria Assunta ao Céu ela é chamada de *Aurora* e *esplendor da Igreja triunfante*, nosso consolo e esperança, por estarmos ainda a caminho. Essa festa garante e aumenta nossa motivação de caminhantes da glória que não será tirada àqueles que, a exemplo de Maria, colocam-se a serviço de Deus na condição de membros do corpo místico.

> Nossa Senhora da Assunção – ou Assunta ao Céu, ou Nossa Senhora da Glória – faz parte muito fortemente da piedade popular do catolicismo tradicional e traz conclusões muito importantes, como a dignidade do corpo humano, que, um dia, ressuscitará. O pecado precisa ser evitado para não profaná-lo. Respeitar os outros, promover sua dignidade e criar condições para que as pessoas possam viver melhor. A fome, a miséria, a falta de cultura, de saúde, a cultura dos vícios, entre outros males, são atentados à dignidade das pessoas.

A liturgia dessa solenidade é um convite para crescermos na virtude da esperança. A Igreja reza, nessa grande data, para que possamos viver atentos às coisas do alto, com o objetivo de participarmos da glória do céu.

O calendário litúrgico contempla duas significativas comemorações marianas que sempre tiveram repercussão significativa na piedade popular e na liturgia: **Nossa Senhora de Guadalupe** e **Nossa Senhora da Conceição Aparecida**, ambas com influência extremamente grande, de alcance nacional. As festas litúrgicas dos dias 12 de outubro e 12 de dezembro, bem como o forte apelo popular, interferem em todas as esferas da formação e da vida de milhares de pessoas.

A historicidade que envolve as culturas, inclusive da formação humana e da fé, influenciou a difusão do culto agradecido à Maria, como podemos constatar: a antiga tradição fala sobre a imagem de Maria impressa na manta do índio, Juan Diego, em Guadalupe (México). Essa devoção interferiu na própria estrutura cultural que tinha na presença indígena uma parcela bastante acentuada também em outros países.

A Igreja, por intermédio dos pontífices, sempre marcou presença. Pio X elevou a igreja de Nossa Senhora de Guadalupe à categoria de

Basílica, em 1904, e, em 1910, ela foi proclamada padroeira da América Latina. O Papa Bento XIV confirmou o amparo da Virgem de Guadalupe do Arizona até Costa Rica; o Papa Leão XIII presenteou a imagem com a coroação. Pio XII, em 1945, deu-lhe o título de "Imperatriz da América" (Sgarbossa; Giovannini, 1983).

Outra manifestação popular e celebrada na Igreja do Brasil é Nossa Senhora da Conceição Aparecida, comemorada em 12 de outubro, contemplando uma realidade que envolve fé, admiração, sentimentos de dor, de alegria, de gratidão e de carinho. Encontrar uma imagem de Maria de cor negra, nas águas, por pescadores, poderia não significar algo de mais profundo. Todavia, em circunstâncias de tempos manchados com a crueldade revelada na compra e na exploração de tantos irmãos negros trazidos da África e outros trabalhadores – inclusive pescadores – que não recebem o justo salário, será que não quer dizer nada? E por que evoluiu de um minúsculo oratório, com alguns admiradores, a partir de 1717, até chegar à colossal Basílica, com admiração mundial? Por que o Papa Paulo VI ofereceu à imagem uma coroa de ouro? Por que o Santo Padre João Paulo II a consagrou solenemente, em 1980, depois que o Papa Pio X concedeu o título de Basílica menor à igreja da imagem que foi coroada por ordem desse pontífice, que o Papa Pio XI declarou Nossa Senhora da Conceição Aparecida como a Padroeira do Brasil e que os últimos pontífices visitaram o santuário?

Acreditamos que podemos, na memória dessa festa litúrgica, fazer uma interessante e frutuosa leitura, a saber: a imagem é salva das águas; é restaurada após ser danificada; é de cor negra; é introduzida no alto de uma colina como Rainha e Padroeira do Brasil. Não podemos tirar conclusões e elaborar sadias deduções por meio de uma releitura, após tudo o que já analisamos nesta obra? Toda Igreja, corpo místico, nasce das águas do batismo, por ação do Espírito Santo. Maria é o nosso sinal escatológico. Maria foi preservada do pecado e é imaculada por privilégio; os cristãos são vocacionados à santidade e a se tornarem sem pecado pela graça divina. Pela fé, recebida nas águas do batismo, o ser humano é restaurado e readquire sua identidade (Beckhäuser, 2013).

A cor morena da imagem pode nos dizer que Maria é a mãe do povo brasileiro e de todos os povos que são formados por muitas raças.

A manifestação e a comunicação que a imagem nos aponta do alto da colina podem perfeitamente ser lidas como Maria sendo o principal modelo original dos homens que se abrem para se enriquecer de Deus. Em Maria, fica facilitado o restabelecimento de nossa relação com Deus.

A verdadeira piedade mariana não consiste tanto em rezar *a* Maria, mas em rezar *como* Maria, pela sua identidade com Jesus Cristo. Neste capítulo, quando abordamos os dogmas, foi possível observar que os primeiros dogmas marianos estão intimamente inseridos no contexto cristológico.

É por isso que Maria irradia a alegria messiânica da salvação, por ser a nova Arca da Aliança e a "teófora", isto é, portadora de Deus. Aproximarmo-nos de Maria é ouvirmos dela: "[o Senhor] realizou em mim maravilhas aquele que é poderoso e cujo nome é santo" (Bíblia, 2006, Lc 1,49).

A presença de Maria é tão fecunda na vida da Igreja que a Sagrada Liturgia, além das diversas solenidades, festas e memórias que existem durante o ano litúrgico, reserva o sábado – quando não é celebrado nos chamados *tempos fortes* ou em lguma celebração obrigatória – como o dia dedicado a Nossa Senhora.

6.4 A centralidade do Mistério Pascal na celebração dos santos

Neste capítulo, percorremos um caminho longo, abordando as festas cuja centralidade é a pessoa de Nosso Senhor Jesus Cristo. Não poderia ser diferente porque, sem Jesus Cristo, não haverá "outras" festas. Elas existem por causa da paixão, da morte, da ressurreição e da ascensão de Jesus.

A santidade não pode ser vista como fruto do esforço humano, que procura alcançar a Deus pelas próprias forças, mesmo com heroísmo. Ela é puro dom do amor gratuito de Deus e realiza-se como resposta do homem à iniciativa divina. Tudo é dom de Deus e Dele tudo depende. É Cristo que irradia a santidade de Deus e é em Cristo que tudo se realiza, porque é sobre Ele que repousa o Espírito de santidade, que é derramado sobre a Igreja por meio dos sacramentos, pelos quais a vida divina chega aos homens.

O ano litúrgico não celebra outra realidade que não seja o Mistério Pascal de Cristo. As festas litúrgicas, quer as de Nossa Senhora, quer as dos santos, não são festas contrapostas. Em todas as festas, o foco está em Jesus, e elas são dirigidas ao Pai pelo Espírito Santo, mediante a lembrança do Santo cujo culto se volta para Deus, admirável em seus santos. "As festas dos santos proclamam as maravilhas de Cristo operadas em seus servos" (SC, 1963, n. 111).

Em cada festa litúrgica do santoral, a Igreja celebra a obra maravilhosa de Deus, que, por Cristo e no Espírito Santo, é vitorioso em seus santos, porque os santos são o Evangelho vivido. Em cada festa, encontramos a respectiva faceta daquele santo recordado, trazendo para o cristão de hoje belos exemplos e o grande testemunho pessoal, para que seja imitado.

As festas litúrgicas dos mártires tiveram destaque desde o início do cristianismo, por serem eles os primeiros a dar testemunho no sacrifício do martírio. A começar pelo diácono Santo Estêvão, cujo relato se encontra nos Atos dos Apóstolos (Bíblia, 2019, At 7,54-8,1), onde temos a notícia de um Saulo (Bíblia, 2019, At 8,1) que havia aprovado a morte de Estêvão. No mesmo livro dos Atos dos Apóstolos, ficamos sabendo que esse Saulo (Bíblia, 2019, At 9,1-30), mais tarde, tornou-se o grande apóstolo dos gentios, isto é, aquelas pessoas que vinham de fora, e ele se chamava Paulo de Tarso.

Será que o martírio de Estêvão ajudou na conversão de Saulo? O que precisa ficar muito claro é que "o santo participa da plenitude do Mistério Pascal do Senhor, e a sua santidade existe em função desta participação. O que a Igreja considera decisivo é a intensidade com a qual cada um dos santos viveu o Mistério Pascal e realizou com o Senhor a sua passagem deste mundo para o Pai" (Augé, 1998, p. 329).

Os santos, portanto, têm a medida de como se identificar com Cristo e participam da plenitude do Mistério Pascal do Senhor, conhecidos em seus frutos e em seus membros (Augé, 1998). Quando nos referimos às festas litúrgicas dos mártires, inserem-se, com muita justiça, os apóstolos de Jesus Cristo, quase todos martirizados.

> "Portanto, sede perfeitos, assim como vosso Pai celeste é perfeito" (Bíblia, 2006, Mt 5,48). Esse foi, com certeza, o desafio enfrentado, mas buscado incansavelmente por todos os santos e santas proclamados na Sagrada Liturgia: "Nos vossos santos e santas ofereceis um exemplo para a nossa vida, a comunhão que nos une, a intercessão que nos ajuda" (Sagrada..., 1992, p. 451).

Sermos santos não é favor que fazemos a ninguém, é justiça que devemos a Deus e uma obrigação que fazemos aos irmãos. Talvez haja muitas pessoas precisando de nossa santidade para se tornarem santas.

Todo o programa divino, do gênesis ao apocalipse, da promessa à vinda do Salvador, de Belém-Nazaré à cruz, da cruz à ressurreição e à ascensão, da fundação da Igreja até agora, tudo aconteceu e acontece para que *você, eu, nós* sejamos santos.

Síntese

A pessoa nasce em uma sociedade trazendo em sua origem a capacidade de uma sociabilidade – o ser humano é social por natureza. A festa e a capacidade de fazer festa parecem ser exigências antropológicas que partem da própria essência.

As festas litúrgicas existem com esta finalidade: trazer todos os acontecimentos referentes à pessoa de Jesus Cristo, na magnitude do Mistério Pascal, e a tudo celebrar como exigência da própria pessoa. Cada festa litúrgica, sempre centralizada na pessoa de Jesus Cristo, reúne elementos significativos e simbólicos e, na cadência do rito, faz memória de um passado um acontecimento com o desafio de preencher nossas necessidades do presente. Isso ocorre pela força da simbologia, que não pode faltar, porque os símbolos compensam nossas limitações; a ação litúrgica, que é presença determinante nas festas litúrgicas, traz e realiza a festa que nos ajuda a preencher a carência de santidade.

A presença de Maria Santíssima e dos santos, fator indicador da Trindade Santa, é sempre muito positiva. Essa presença evoca e celebra, na memória de Maria e dos santos, o centro de nossa fé, que é o fato da Páscoa de Jesus.

Atividades de autoavaliação

1. Assinale a alternativa correta:
   a) As festas, em geral, fazem parte da vida humana.
   b) As festas não fazem parte da vida humana.
   c) As festas, às vezes, podem fazer parte da vida humana.
   d) Nenhuma das alternativas anteriores está correta.

2. As festas litúrgicas são:
   a) um exercício de piedade.
   b) cristocêntricas.
   c) mariológicas.
   d) para comemorar os santos.

3. A centralidade das festas litúrgicas é:
   a) a Igreja.
   b) Maria e os santos.
   c) a pessoa de Jesus.
   d) a comemoração de um acontecimento da Igreja.

4. As maiores celebrações da Igreja referentes a Maria são:
   a) Maternidade Divina, Guadalupe e Assunção.
   b) Imaculada Conceição e Maternidade Virginal.
   c) Assunção ao Céu, Maternidade Divina, Imaculada Conceição e Maternidade Virginal.
   d) Todas as festas marianas.

5. Assinale a alternativa correta:
   a) As festas referentes a Jesus encontram-se em primeiro plano.
   b) As festas referentes a Jesus encontram-se também em primeiro plano.
   c) As festas referentes a Jesus e Maria encontram-se em primeiro plano.
   d) Nenhuma das alternativas anteriores está correta.

Atividades de aprendizagem

Questões para reflexão

1. As festas marianas nos ajudam a ser também teóforos, isto é, portadores de Deus?

2. Nas festas dos santos, proclamamos as maravilhas de Cristo operadas em seus servos (SC, 1963, n. 111)?

Atividade aplicada: prática

1. Para que aconteceu todo o programa divino, realizado em Jesus?

Considerações finais

Na conclusão desta obra, muitas certezas invadem nosso entendimento: a graça a nós concedida para abordarmos assuntos de máxima magnitude e a consciência clara desta oportunidade. Oportunidade que, talvez, não tenha chegado às mãos de autores de maior gabarito e conhecimento. Por isso, esperamos que outros escritores, tomando conhecimento desta obra, possam retomar os temas e produzir textos de maior profundidade.

O assunto deste livro – a centralidade do Mistério Pascal nas celebrações litúrgicas – é inesgotável, por ser o sacrifício redentor de Jesus Cristo de valor infinito. Nossos limites nos impedem de trazer para os leitores e estudiosos tudo o que envolve tamanha maravilha, pois isso excede nossas reflexões, definições e exposições.

Da nossa parte, procuramos apenas dar pistas, criar mecanismos, iluminar o caminho com a presença da teologia. Buscamos dar direcionamento, para que não faltasse uma madura espiritualidade, um mergulho na linha do mistério, uma catequese para obter algum progresso no aprendizado em vista do discipulado; tentamos ajudar na construção de alicerces pastorais e oferecer suportes, para todos os assuntos abordados – alguns até repetidos, em virtude da importância que evocam –, para que não tenhamos um amontoado de palavras escritas, mas uma obra escrita que refletirá em nossa vida.

Fizemos um percurso longo, envolvendo personagens, fatos e locais expressivos que podem nos conduzir à compreensão mais madura do Mistério Pascal, razão maior desta obra.

O caminho, iniciado no momento da promessa feita pelo Pai Criador após a queda de Adão e Eva, percorreu os grandes momentos da Antiga Aliança, particularmente a escravidão e a libertação do povo judeu do Egito, o anúncio da encarnação do Verbo, o nascimento e a missão de Jesus, o ciclo do Natal, o ciclo pascal, o tríduo pascal, o tempo da quaresma, o domingo, com riquezas de detalhes, e as festas litúrgicas, com Maria e os santos no contexto do Mistério Pascal. Uma rica bibliografia acompanha a obra presente.

A verdade é que o caminho, além de longo, foi bastante árduo. Resta-nos esperar e confiar que esta obra possa trazer avanços e algumas contribuições para que, em todas as celebrações litúrgicas, resplandeça e aconteça sempre a visibilidade do Mistério Pascal.

Referências

AUGÉ, M. Domingo: festa primordial dos cristãos. São Paulo: Ave Maria, 1995.

_____. Liturgia: história, celebração, teologia e espiritualidade. São Paulo: Ave Maria, 1998.

AUGÉ, M. et al. O ano litúrgico: história, teologia e celebração. São Paulo: Paulinas, 1991. (Anámnesis, v. 5).

BASURKO, X. Para viver o domingo. São Paulo: Paulinas, 1999.

BECKHÄUSER, A. A liturgia da missa: teologia e espiritualidade da Eucaristia. Petrópolis: Vozes, 1994.

_____. Celebrar a vida cristã. Petrópolis: Vozes, 1989a.

_____. _____. Petrópolis: Vozes, 1996.

_____. Os santos na liturgia: testemunhas de Cristo. Petrópolis: Vozes, 2013.

_____. Sacrosanctum Concilium: texto e comentários. São Paulo: Paulinas, 2012.

_____. Símbolos litúrgicos. Petrópolis: Vozes, 1987.

_____. Viver em Cristo: a espiritualidade do ano litúrgico. Petrópolis: Vozes, 1989b.

BERGAMINI, A. Cristo, festa da Igreja. São Paulo: Paulinas, 1994.

BÍBLIA. Português. Bíblia sagrada. 4. ed. Brasília: CNBB, 2006.

_____. Português. Bíblia católica on-line. 2019. Disponível em: <https://www.bibliacatolica.com.br>. Acesso em: 20 maio 2019.

BOROBIO, D. et al. (Org.). A celebração na Igreja: sacramentos. São Paulo: Loyola, 1993. v. 2.

_____. A celebração na Igreja: liturgia e sacramentologia fundamental. São Paulo: Loyola, 1990. v. 1.

BRANDOLINI, L. Dicionário de liturgia. São Paulo: Paulus, 1992.

CANTALAMESSA, R. O mistério da Páscoa. Aparecida, SP: Santuário, 1994.

CIC – Catecismo da Igreja Católica. São Paulo: Paulinas, 1993.

CELAM – Conselho Episcopal Latino-Americano. Documento de Santo Domingo. Santo Domingo, 1992. Disponível em: <https://www.celam.org/documentos/Documento_Conclusivo_Santo_Domingo.pdf>. Acesso em: 20 maio 2019.

_____. Manual de liturgia. 2. ed. São Paulo: Paulus, 2007a. v. I a IV.

CNBB – Conferência Nacional dos Bispos do Brasil. Guia litúrgico pastoral. 2. ed. Brasília: Edições CNBB, 2006.

_____. Orientações para a celebração da Palavra de Deus. São Paulo: Paulinas, 1994.

CONGREGAÇÃO IRMÃS FRANCISCANAS DE INGOLSTADT. Creio na vida eterna. 2 nov. 2016. Disponível em: <http://www.franciscanas.org.br/noticias/creio-na-vida-eterna>. Acesso em: 20 maio 2019.

DAHLER, E. Festas e símbolos. Aparecida, SP: Santuário, 1999.

DICIONÁRIO de liturgia. São Paulo: Paulinas, 1992.

DIDAQUÉ: o catecismo dos primeiros cristãos para as comunidades de hoje. São Paulo: Paulus, 1989.

DOCUMENTO DE APARECIDA. V Conferência Geral do Episcopado Latino--Americano e do Caribe. Aparecida, SP, maio 2007. Disponível em: <http://www.dhnet.org.br/direitos/cjp/a_pdf/cnbb_2007_documento_de_aparecida.pdf>. Acesso em: 20 maio 2019.

DOCUMENTO DE PUEBLA. Conclusões da IIIª Conferência Geral do Episcopado Latino-Americano. Puebla de Los Angeles, 1979. Disponível em: <http://portal.pucminas.br/imagedb/documento/DOC_DSC_NOME_ARQUI20130906182452.pdf>. Acesso em: 20 maio 2019.

FRANCISCO, Papa. Evangelii gaudium: a alegria do Evangelho. São Paulo: Paulinas, 24 nov. 2013. Disponível em: <https://www.snpcultura.org/evangelii_gaudium.pdf>. Acesso em: 20 maio 2019.

FLORES, J. J. Introdução à teologia litúrgica. São Paulo: Paulinas, 1994.

_____. _____. São Paulo: Paulinas, 2006.

GS – Gaudium et Spes: Consitituição Pastoral sobre a Igreja no mundo actual. Roma, 7 dez. 1965. Disponível em: <http://www.vatican.va/archive/hist_councils/ii_vatican_council/documents/vat-ii_const_19651207_gaudium-et-spes_po.html>. Acesso em: 20 maio 2019.

GUEDES, J. A. Domingo: nascimento de uma nova criação. São Paulo: Ave Maria, 2007.

IGLH – Instrução Geral sobre a Liturgia das Horas. Petrópolis: Vozes; São Paulo: Paulinas; Paulus; Ave Maria, 1994.

IGMR – Instrução Geral do Missal Romano. Roma, 2002. Disponível em: <http://www.clerus.org/clerus/dati/2007-11/23-13/01MISSALROMANO.html>. Acesso em: 20 maio 2019.

JOÃO PAULO II, Papa. Carta apostólica "Dies Domini": sobre a santificação do domingo. São Paulo: Paulinas, 1998a.

_____. Dies Domini. Vaticano, 31 maio 1998b. Disponível em: <http://w2.vatican.va/content/john-paul-ii/pt/apost_letters/1998/documents/hf_jp-ii_apl_05071998_dies-domini.html>. Acesso em: 20 maio 2019.

JUNGMANN, A. Missarum sollemnia: origens, liturgia, história e teologia da missa romana. São Paulo: Paulus, 2009.

LG – Lumen Gentium: Constituição Dogmática sobre a Igreja. Roma, 21 nov. 1964. Disponível em: <http://www.vatican.va/archive/hist_councils/ii_vatican_council/documents/vat-ii_const_19641121_lumen-gentium_po.html>. Acesso em: 20 maio 2019.

LITURGIA DAS HORAS. Petrópolis: Vozes; São Paulo: Paulinas; Paulus; Ave Maria, 1995a. v. 1.

_____. Petrópolis: Vozes; São Paulo: Paulinas; Paulus; Ave Maria, 1995b. v. 2.

_____. Petrópolis: Vozes; São Paulo: Paulinas; Paulus; Ave Maria, 1995c. v. 3.

_____. Petrópolis: Vozes; São Paulo: Paulinas; Paulus; Ave Maria, 1995d. v. 4.

MARSILI, S. Sinais do mistério de Cristo. São Paulo: Paulinas, 2010.

MD – Mediator Dei: Carta Encíclica do Sumo Pontífice Papa Pio XII. Roma, 20 nov. 1947. Disponível em: <http://w2.vatican.va/content/pius-xii/pt/encyclicals/documents/hf_p-xii_enc_20111947_mediator-dei.html>. Acesso em: 20 maio 2019.

MELO, J. R. A missa e suas partes: para celebrar e viver a eucaristia. São Paulo: Paulinas, 2011.

MISSAL DOMINICAL da assembleia cristã. São Paulo: Paulus, 1995.

NOCENT, A. Os três sacramentos da iniciação cristã. 4. ed. São Paulo: Paulinas, 1989.

NOCENT, A. et al. Os sacramentos: teologia e história da celebração. São Paulo: Loyola, 2009. (Anámnesis, v. 4).

_____. _____. São Paulo: Paulinas, 1989. (Anámnesis, v. 4).

PIO XII, Papa. Mediator Dei: carta encíclica sobre a sagrada liturgia. Petrópolis: Vozes, 1948.

ROMA, H. de. Tradição apostólica. Petrópolis: Vozes, 1971.

RYAN, V. O domingo: história, espiritualidade, celebração. São Paulo: Paulus, 1997.

SD – Sacrosanctum Concilium: Constituição Conciliar sobre a Sagrada Liturgia. Roma, 4 dez. 1963. Disponível em: <http://www.vatican.va/archive/hist_councils/ii_vatican_council/documents/vat-ii_const_19631204_sacrosanctum-concilium_po.html>. Acesso em: 20 maio 2019.

SAGRADA CONGREGAÇÃO PARA O CULTO DIVINO. Missal dominical. 4. ed. São Paulo: Paulus, 1995.

_____. Missal romano. 6. ed. São Paulo: Paulus, 1992.

_____. Ritual da iniciação cristã de adultos. São Paulo: Paulus, 2003.

_____. Ritual do batismo de crianças. São Paulo: Paulinas, 1999.

SGARBOSSA, M.; GIOVANNINI, L. Um santo para cada dia. São Paulo: Paulinas, 1983.

THOMAS, P. C. Os concílios gerais da igreja. Aparecida, SP: Santuário, 1999.

VIER, F. (Coord.). Compêndio do Vaticano II: constituições, decretos e declarações. 29. ed. Petrópolis: Vozes, 2000.

WEBER, J. Eis o tempo da conversão: apresentação das oferendas. 2017. Disponível em: <http://paroquiarosario.com.br/wp-content/uploads/2017/02/Eis-o-tempo-de-conversão.pdf>. Acesso em: 20 maio. 2019.

WHITE, J. F. Introdução ao culto cristão. 2. ed. São Leopoldo, RS: Sinodal, 1997.

Bibliografia comentada

AUGÉ, M. **Domingo**: festa primordial dos cristãos. São Paulo: Ave Maria, 1995.

Trata-se de uma obra que oferece um conteúdo muito amplo, sistemático e informativo. Partindo da natureza da liturgia, o autor apresenta a história e as novidades trazidas pela reforma do Concílio Vaticano II. Depois de um longo percurso, a obra é encerrada com um relevante estudo sobre o ano litúrgico e a espiritualidade litúrgica. A bibliografia apresenta um elenco de autores e obras de destaque.

AUGÉ, M. et al. **O ano litúrgico**: história, teologia e celebração. São Paulo: Paulinas, 1991. (Anámnesis, v. 5).

Composta de seis volumes, a coleção Anámnesis, da qual utilizamos os volumes 4 e 5, é uma riqueza que não pode ser deixada de lado pelas pessoas que querem se aprofundar não só na liturgia, mas também na teologia como um todo.

BASURKO, X. **Para viver o domingo**. São Paulo: Paulinas, 1999.

Partindo da história da liturgia cristã, o autor apresenta, em cinco densos capítulos, um conteúdo muito claro sobre o domingo, com sua estrutura, sua mística, sua casuística, entre outras abordagens. É muito pertinente a clareza do autor na exposição dos inúmeros assuntos.

BECKHÄUSER, A. **Celebrar a vida cristã**. Petrópolis: Vozes, 1996.

_____. **Símbolos litúrgicos**. Petrópolis: Vozes, 1987.

_____. **Viver em Cristo**: a espiritualidade do ano litúrgico. Petrópolis: Vozes, 1989.

Essas três obras de Beckhäuser aqui indicadas formam um conjunto bastante didático para as pessoas que estão iniciando os estudos de liturgia, bem como para cursos e aulas. Podemos afirmar que todos os temas relativos à liturgia estão contemplados nessas obras, as quais abrem horizontes para pesquisas e aprofundamentos.

BECKHÄUSER, A. **Sacrosanctum concilium**: texto e comentários. São Paulo: Paulinas, 2012.

Nessa outra obra, por ocasião dos 50 anos do primeiro documento do Concílio Vaticano II, a *Sacrosanctum concilium*, o autor aborda e comenta o conteúdo sobre o documento que fez a reforma da liturgia, promulgado no dia 4 de dezembro de 1963.

BERGAMINI, A. **Cristo, festa da Igreja**. São Paulo: Paulinas, 1994.

A obra indicada, na primeira parte, trata da teologia e da espiritualidade do culto aos santos e, na segunda parte, apresenta o calendário da presença dos santos no ano litúrgico, inserindo suas celebrações, conforme a categoria, no comum dos apóstolos, dos santos e santas em geral e dos vários títulos de Nossa Senhora.

BOROBIO, D. et al. (Org.). **A celebração na Igreja**: liturgia e sacramentologia fundamental. São Paulo: Loyola, 1990. v. 1.

Esse volume é a primeira parte de uma grande obra em três volumes chamada *A celebração na igreja*, organizada pelo autor de tantos outros textos e organizador também desse livro. Os quatro capítulos dessa obra são suficientes para trilhar um percurso altamente denso de conteúdo e de praticidade.

CANTALAMESSA, R. **O mistério da Páscoa**. Aparecida, SP: Santuário, 1994.

Com cinco partes e 28 capítulos, é uma obra muito bem fundamentada na Bíblia e na teologia, com avanços pastorais seguros e pedagógicos. Pode, com certeza, ser utilizada como um ótimo manual de ensino da liturgia.

CASTELLANO, J. **Liturgia e vida espiritual**: teologia, celebração, experiência. São Paulo: Paulinas, 2008.

O autor consegue, com rara lucidez, trazer para os leitores uma visão firme da Páscoa desde o Êxodo, lançando bases para nossa vivência da Páscoa de Cristo e da Igreja, com reflexões profundas e claras.

CHUPUNGCO, A. J. **Liturgias do futuro**: processos e métodos de inculturação. São Paulo: Paulinas, 1992.

Trata-se de obra de grande valor, pois embasa-se em três suportes muito firmes: a liturgia, como fonte e ápice de espiritualidade, a teologia espiritual litúrgica e os grandes temas em chave litúrgica.

COSTA, V. S. **Liturgia das horas**: celebrar a luz pascal sob o signo da luz do dia. São Paulo: Paulinas, 2005.

O autor traz uma grande colaboração para o exercício da oração, principalmente para a Liturgia das Horas, além de pistas para o aprofundamento e a descoberta da espiritualidade litúrgica. No ritmo das horas, sob a luz do dia, o leitor descobre a importância de encontrar a verdadeira luz pascal, Jesus Cristo.

DAHLER, E. **Festas e símbolos**. Aparecida, SP: Santuário, 1999.

O livro reúne, ao mesmo tempo, a pastoral, a teologia e a liturgia, conservando sempre uma linha pedagógica muito firme. A inculturação é desafiante quanto à praticidade, mas o autor colaborou muito com a liturgia quando se dispôs a tratar do assunto.

DICIONÁRIO de liturgia. São Paulo: Paulinas, 1992.

O *Dicionário de Liturgia*, por reunir tantos autores de indiscutível capacidade, merece destaque especial. A obra reúne os principais assuntos que não podem faltar a estudantes e pesquisadores em geral.

FLORES, J. J. **Introdução à teologia litúrgica**. São Paulo: Paulinas, 2006.

A obra é enriquecedora porque ensina o significado e a importância das grandes celebrações, bem como a aplicação de 22 símbolos de destaque com fundamentação bíblica e da história. O conhecimento dessa obra torna-se importante para o estudo da liturgia e para a vida, pois as festas são uma realidade das pessoas em todos os tempos.

GUEDES, J. A. **Domingo**: nascimento de uma nova criação. São Paulo: Ave Maria, 2007.

Em apenas quatro capítulos, o autor apresenta, com segurança, a importância do domingo em todos os tempos, com uma linguagem pastoral muito interessante.

JUNGMANN, A. Missarum sollemnia: origens, liturgia, história e teologia da missa romana. São Paulo: Paulus, 2009.

Podemos nos referir a essa obra como um grande e profundo manual de estudo sobre a missa. O autor, em quatro partes, abordou as origens, a história e a teologia de todos os elementos formadores do rito da missa em seus mínimos detalhes. Não se trata de obra de fácil estudo, pois há inúmeras fontes e é frequente a presença de textos e de orações em latim.

MADURGA, J. Celebrar a salvação. São Paulo: Paulus, 1999.

O autor consegue ser claro, objetivo e muito simples ao tratar de todos os assuntos, como: desenvolver a celebração, o ano litúrgico, a eucaristia e os outros sacramentos, a simbologia e a música. É muito interessante o compartilhamento frequente que o autor utiliza, tornando a obra um autêntico curso de liturgia.

MARSILI, S. Sinais do mistério de Cristo. São Paulo: Paulinas, 2010.

Essa obra deve ser considerada como um grande expoente da teologia litúrgica. O próprio nome da obra evoca a profundidade e a seriedade com que o autor aborda todos os assuntos em conexão com a pessoa e a vida de Cristo. Trata-se de uma teologia viva muito presente na espiritualidade do ano litúrgico.

MELO, J. R. A missa e suas partes: para celebrar e viver a eucaristia. São Paulo: Paulinas, 2011.

O autor, sem utilizar muita bibliografia, mas com documentos da Igreja e dos santos padres, apresenta todas as partes da missa e a praticidade metodológica de cada elemento que compõe o rito.

RYAN, V. O domingo: história, espiritualidade, celebração. São Paulo: Paulus, 1997.

É uma obra que consegue contemplar e resgatar a história, a teologia, a espiritualidade e a celebração do domingo. O autor domina todas as exposições com segurança e clareza.

ROMA, H. de. Tradição apostólica. Petrópolis: Vozes, 1971.

É um documento de rara importância por retratar os usos, os costumes e a maneira como as primeiras comunidades recebiam os ensinamentos e participavam, principalmente, do batismo e da eucaristia. Trata-se de uma obra de grande valor, sendo indispensável como base sólida de pesquisa.

THOMAS, P. C. **Os concílios gerais da igreja**. Aparecida, SP: Santuário, 1999.
Excelente estudo de todos os concílios da Igreja, com objetivos, história, desenvolvimento e conteúdos de cada concílio. O conhecimento dos primeiros concílios e as definições das grandes verdades de nossa fé são muito importantes para a teologia litúrgica.

Capítulo 1
Atividades de autoavaliação
1. b.
2. b.
3. a.
4. d.
5. a.

Atividades de aprendizagem
Questões para reflexão
1. Na pessoa de Jesus centralizam-se todas as celebrações litúrgicas.
2. Todas as celebrações litúrgicas são dirigidas ao Pai.

Atividade aplicada: prática
1. Fomentar uma presença amiga com os familiares, por exemplo, por intermédio da refeição e de outros meios; elaborar alguma programação que desperte interesse entre as pessoas; evitar, se possível, atitudes individualistas que possam distanciar as pessoas; descobrir o melhor horário da missa, o qual seja compatível com a disponibilidade das pessoas da família e de vizinhos; e assumir compromissos na organização e na celebração da Eucaristia.

Capítulo 2
Atividades de autoavaliação
1. d.
2. c.
3. b.
4. d.
5. a.

Atividades de aprendizagem
Questões para reflexão
1. Jesus, assumindo a nossa natureza, morrendo e ressuscitando por nós, proporciona nosso encontro radical com Deus. A fé só tem sentido porque Jesus venceu a morte e ressuscitou?
2. Jesus Cristo, na vitória da ressurreição, rompe com a vitória sobre a morte eterna, destrói o pecado e nos traz uma nova criação. A Páscoa dos judeus é a celebração da liberdade após a escravidão do Egito. Sendo assim, é a conquista e a vitória para uma nova história. Para nós, é a certeza de que o céu não é uma promessa, mas uma realidade a conquistar numa contínua experiência com a pessoa de Jesus, vivo e ressuscitado, caminhando na luminosidade do Mistério Pascal.

Atividade aplicada: prática
1. Celebrar o ciclo pascal é proporcionar a atualização da redenção, realizada na Páscoa de Jesus mediante a sagrada liturgia celebrada e vivida.

Capítulo 3
Atividades de autoavaliação
1. b.
2. c.
3. b.
4. d.
5. a.

Atividades de aprendizagem
Questões para reflexão
1. O pão e o vinho são a matéria da eucaristia; a água, no batismo, purifica-nos do pecado; a luz, além de nos acenar para a luz verdadeira, Jesus Cristo, convida-nos à vivência da fé; a Palavra realiza todas as ações litúrgicas. Sem a Palavra não teremos Sacramento; a cruz é o símbolo da vitória e nos proporciona a leitura que podemos fazer de nossa ligação vertical, com Deus, e horizontal, com os irmãos.
2. Se não houvesse o tríduo pascal – celebração da Páscoa em três dias – não haveria também a celebração do acontecimento macro da morte nem a ressurreição do Senhor, que, antes de morrer, instituiu a eucaristia, perpetuação de sua presença entre nós, Sua morte na cruz e vitória da vida sobre a morte.

Atividade aplicada: prática
1. Clemente XIII, Urbano XIII, Pio X, Bento XV, Pio XII e João XXIII.

Capítulo 4
Atividades de autoavaliação
1. a.
2. d.
3. b.
4. d.
5. b.

Atividades de aprendizagem
Questões para reflexão
1. Abrir-se, mediante um humilde reconhecimento das misérias, é a chave para uma vivência quaresmal.
2. Descoberta dos limites e da disposição para as mudanças; assumir a miséria à luz da misericórdia; celebrar para viver o que a quaresma nos oferece.

Atividade aplicada: prática
1. Oração, jejum e esmola.

Capítulo 5
Atividades de autoavaliação
1. d.
2. a.
3. c.
4. d.
5. b.

Atividades de aprendizagem
Questões para reflexão
1. A afirmação revela que, no ciclo do Natal, acontece o incrível intercâmbio quando a promessa de Deus se concretiza.

2. As faixas que envolveram o recém-nascido; a mirra oferecida por um dos Reis Magos; a profecia de Simeão; a festa de São João Evangelista em 27 de dezembro, cujo evangelho fala do túmulo vazio, entre outros, sinalizam a morte e a ressurreição de Jesus.

Atividade aplicada: prática

1. Epifanía é manifestação. Os acontecimentos natalinos são profundamente indicativos e manifestadores da própria missão de Jesus.

Capítulo 6

Atividades de autoavaliação

1. a.
2. b.
3. c.
4. c.
5. a.

Atividades de aprendizagem

Questões para reflexão

1. A vida cristã precisa ser uma contínua epifania.
2. Nossas atitudes precisam ser uma permanente encarnação da Palavra.

Atividade aplicada: prática

1. Para que pudéssemos nos realizar como pessoas no compromisso de uma busca incansável de nos ligar a Deus e ao próximo para concretizar nossa vocação: ser santos.

João Alves Guedes nasceu em Minas Gerais e realizou seus estudos em Diamantina (MG), Niterói (RJ), Rio de Janeiro (RJ), São Paulo (SP) e Salvador (BA). Exerceu várias atividades em Niterói, tanto na coordenação de pastoral quanto na formação como reitor do seminário e na administração como vigário geral, entre outras atividades. Também é autor de algumas obras. É professor e exerce a função de pároco e de assessor de liturgia do Regional Leste 1.

Os papéis utilizados neste livro, certificados por instituições ambientais competentes, são recicláveis, provenientes de fontes renováveis e, portanto, um meio sustentável e natural de informação e conhecimento.

Impressão: Log&Print Gráfica e Logística S.A.
Março/2022